宁波博物馆
NINGBO MUSEUM

浙东文化论丛

二〇一五年第二辑

宁波博物馆 编

科学出版社·北京

图书在版编目（CIP）数据

浙东文化论丛. 二〇一五年. 第二辑 / 宁波博物馆编. —北京：科学出版社，2016.7
　ISBN 978-7-03-049376-7

　Ⅰ.①浙…　Ⅱ.①宁…　Ⅲ.①文化史-浙江省-文集　Ⅳ.①K295.5-53

　中国版本图书馆CIP数据核字（2016）第160925号

责任编辑：李　茜 / 责任校对：邹慧卿

责任印制：肖　兴 / 封面设计：北京美光制版有限公司

科 学 出 版 社 出版

北京东黄城根北街16号
邮政编码：100717
http://www.sciencep.com

中 国 科 学 院 印 刷 厂 印刷

科学出版社发行　各地新华书店经销

*

2016年7月第 一 版　开本：880×1230 A4
2016年7月第一次印刷　印张：8
字数：230 000

定价：68.00元

（如有印装质量问题，我社负责调换）

《浙东文化论丛》

主　　管　宁波市文化广播电视新闻出版局

主　　办　宁波博物馆

编辑委员会：

　　主　　任　赵惠峰

　　副 主 任　韩小寅

　　编　　委　李　军　戚迎春　杨　丹

编 辑 部：

　　主　　任　戚迎春

　　副 主 任　李　军

　　主　　编　莫意达

　　责任编辑　江婷婷

　　封面题签　启　功

　　封底篆刻　高式熊

目　录

Table of Contents

Research on Maritime Silk Road

Research on Museology

Research on Cultural Relics

Research on Ningbo Culture and Protection

宁波与重源重修东大寺

莫意达

东大寺是日本的重要寺院，在日本历史以及日本佛教史上都有着极其重要的地位，同时也是日本与中国、与明州文化交流的主要见证。东大寺的创建受到唐代兴建佛寺的影响，其在烧毁之后重修更是与明州有着密切的关联，三度入宋的日僧重源（图一）以及明州工匠陈和卿、伊行末是东大寺重修的主要负责人和重要参与者。

图一　《重源上人坐像》（现藏于日本奈良东大寺）

一　东大寺的创建和烧毁

隋唐时期，中国社会发展到鼎盛时期，稳定的社会、繁荣的经济、璀璨且具有极大包容性的华夏文化吸引了大量的外国人士前来商贸、求学，近邻的日本是其中最为渴求隋唐文化的国家之一。从7世纪初至9世纪末约264年的时间里，日本为了学习中国文化，先后向唐朝派出十几次遣唐使团，其次数之多、规模之大、时间之久、内容之丰富，可谓中日文化交流史上的空前盛举，而东大寺的创建则和遣唐使有着密切的关联。隋唐时期，中国在各地纷纷建立寺院，如武则天时期的大云寺、唐中宗时期的龙兴寺以及唐玄宗时期的开元寺。遣唐使回国后，日本在天平十三年（741年）效仿这一做法在各地建立国分寺和国分尼寺，金钟寺更名金光明寺，为日本的国分寺，东大寺也由此创建。而东大寺的寺号可考的最初史料记载是日本天平二十年（748年）。同时，日本还效仿武则天在洛阳造大佛铜像及在龙门奉先寺雕刻大佛石像的做法于天平十五年（743年）在东大寺铸造大佛，并于天平胜宝四年（752年）举行了大佛开眼供养法会。公元753年，鉴真大师历尽艰辛东渡日本，在大佛殿前临时建造的戒坛向圣武太上皇等僧俗授戒（图二、图三）。

东大寺的经济收入主要来源于天皇施封的五千户及数国的租税。但是，随着收入的大幅度减少，为了补充财源，开始在大和（奈良）、伊贺（三重）、摄津（兵库、大阪交界处）、山城（京都）、北陆道等地经营庄园。平安时代（794～1192年）末期，东大寺与权力巨大的平家一门在经营庄园方面不断产生摩擦。治承四年（1180年），反对平氏政权的源氏政权代表人物源赖政起兵。12月，平重衡遵从其父平清盛的命令讨伐在南都（今奈良）反对平氏的据点东大寺和兴福寺。28日，由于进入夜战，平重衡军队点火。东大寺大佛殿等主要寺院被烧毁，作为日本佛法象征的卢舍那佛也难逃一劫。根据日本史书《吾妻镜》记载东大寺烧毁的情况："南都东大寺与兴福寺已下堂塔坊舍悉以为平家烧失……

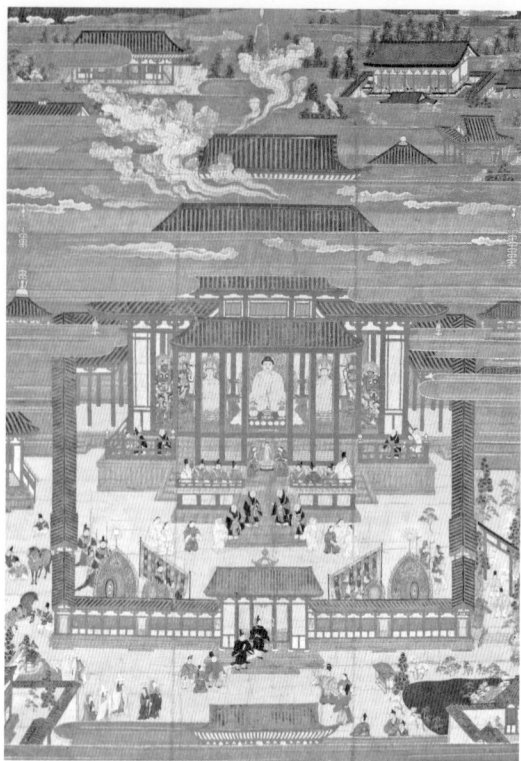

图二　《东大寺缘起》（现藏于奈良国立博物馆，图中所绘虽然是日本奈良时代的大佛殿，其反映的则是重源重建的大佛殿建筑）

图三　东大寺南大门

火焰及大佛殿之间，不堪周章投身烧死者三人，两寺之间不意烧死者百余人之由。"（图四）

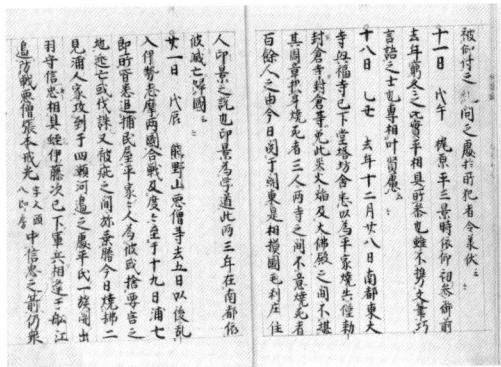

图四　《吾妻镜》（日本史书，其中有关于东大寺的相关记载）

二　"入唐三度"重源与东大寺重修

根据日本《纪氏系图》记载，重源生于日本宝元二年（1121年），俗名重定，十三岁在醍醐寺出家，房号"俊乘房"，僧名"重源"。根据醍醐寺庶民出身的僧侣通过苦修以体悟佛法的传统，"初住醍醐寺，后栖高野山，灵地名山处处，春草绳结孤庵，巡礼修行年年，秋月只为亲友"，重源游历诸国并在山林修行。

重源自称"渡唐三个度"，《高野山延寿院铜钟铭》也记载"入唐三度圣人重源"（"入唐"实际上是"入宋"），但目前有明确时间记载的一次是在日本仁安二年（1167年）。这一年，重源在明州上岸，遇到了同样来自日本的日僧明庵荣西，两人结伴前往五台山朝拜，之后返回明州参谒阿育王寺，并在阿育王山目睹了舍利瑞光。这一次入宋很难考证是重源三次入宋中的第几次，但可以明确的是其第一次来到阿育王山并在此第一次接触到舍利信仰，也由此引发了重源为阿育王寺在日本募集并重修阿育王寺舍利殿这一重大事件。根据《南无阿弥陀佛作善集》记载，重源将日本周防国（今日本山口县）的木材运输到明州以助修阿育王寺舍利殿，由明州鄞县人楼钥撰写的《阿育王山妙智禅师塔铭》中也详细记载了这一事实。而《东大寺造立供养记》更是强调，因为重源这一事迹，"大唐造上人像，安先德之列座，图和尚影，为后代之验证"。

正是因为有三度入宋以及助修阿育王寺舍利殿的经历，日本养和元年（1181年）四月，也就是在东大寺烧毁后的第二年，时年六十一岁的重源向当时负责重修东大寺中造寺、造佛的长官藤原行隆自请负责重修东大寺，并于当年八月被任命为重修东大寺的"大劝进"一职。在宋人明州工匠陈和卿、伊行末等人的协助下，重源建造了被大火烧毁的卢舍那大佛，修建了大佛殿，并参与了东大寺南大门、八幡宫的建筑设计，以及大佛殿中胁侍像、四天王像、仁王像和八幡王像的制作，直至建永元年（1206年）去世，其"大劝进"职务由入宋僧人明庵荣西的弟子、同时也是入宋僧且了解宋人工匠和相关技术的圆尔弁圆担任。

三　陈和卿与伊行末

在重源重修东大寺的过程中，以陈和卿、伊行末等为代表的宋代明州工匠在其中发挥着至关重要的作用。

陈和卿为南宋时期明州人，关于他的资料比较缺乏，但对于其修建东大寺则有着比较详细的记载。根据日本镰仓时期九条兼实所写的日记《玉叶》记载（图五），日本寿永元年（1182年），重源已经筹集了最先需要完成的东大寺大佛修建所需的资金以及材料，但一直找不到能够担任这一重任的杰出工匠。同时，宋朝铸师陈和卿来到日本，但由于回船破损滞留在日本。受重源的邀请，陈和卿也由此参与了东大寺的重建，并在工程中担任总负责人。

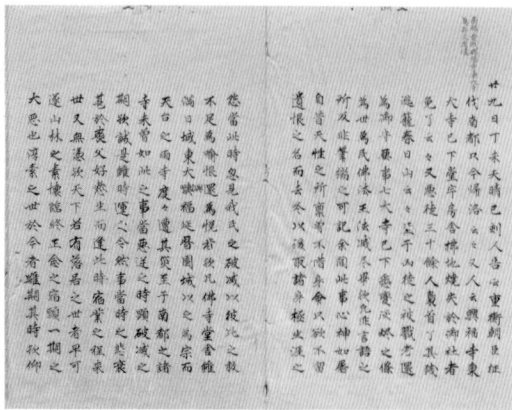

图五　《玉叶》（日本史书，为九条兼实所写的日记，其中有许多关于东大寺重修以及重源、陈和卿等相关的记载）

陈和卿根据重源提出的基本设想，一手承担了从规划、设计乃至具体的估料、算料、施工等工作。在重修东大寺期间，重源极力想要引入宋代——特别是明州寺院建筑——的建筑和雕刻风格，但又不得不担心与当时日本寺院建筑太过不同而引起朝廷和寺院的不满。因此，重源和陈和卿依照当时明州寺院的建筑样式不断摸索，并合作创造出了全新的、被后世称为"大佛样"建筑样式。由于将宋代明州先进的技术和文化传入日本并在东大寺重修中所发挥的重要作用，建久元年（1189年），日本官方将伊贺国境内的阿波、广濑、有丸三个庄园赐给陈和卿。建久六年（1195年），在东大寺重建供养的仪式上，将军源赖朝约见陈和卿，也被他以"国敌对治之时，多断人命，罪业深重也"为由拒绝。但在重源去世后，陈和卿和东大寺的关系逐渐恶化，东大寺的僧人认为他乱用寺领庄园的财物，指责他"或佛殿营造之始，锯解数丈之大柱，忽造私之唐船"。建保四年（1216年），陈和卿前往镰仓面见将军源实朝，来劝其入宋参拜阿育王山，源实朝下令陈和卿建造唐船准备入宋。但次年完成的唐船搁浅无法

成行。之后，陈和卿去向不明。

伊行末是参与东大寺重修的又一位来自明州的主要工匠之一。根据伊行末之子伊行吉在日本弘长元年（1261年）在其父亲一周年忌在般若寺所立石造笠塔婆铭文，伊行末明确为宋代明州工匠，应同乡陈和卿邀请重修东大寺。现存伊行末的主要作品是东大寺南大门的两座石狮子（图六）。《东大寺

图六　宋代明州共建伊行末主持修筑的东大寺南大门石狮子

造立供养记》记载，日本建久七年（1196年），伊行末为首的宋朝工匠建造了东大寺南大门两侧的石狮子、佛堂内的石造胁士及四天王像。同时，由于日本本地的石料难以用于铸造，伊行末特地从宋朝购入石料。根据对石料的物理分析鉴定，2008年最终确定东大门石狮子为明州的梅园石，石刻的风格

也源自宋朝。除此之外,伊行末还参与修建了东大寺的佛殿、石坛、回廊等设施,以及大藏寺层塔、般若寺内石造十三层塔婆等,还布施了东大寺石灯笼一座(现安置于东大寺法华堂门前)。与陈和卿不知所踪不同,伊行末在重建东大寺工程结束后定居日本,且一直保留着宋人工匠的身份。位于生驹市石佛寺的阿弥陀三尊像即是伊行末子孙所雕刻。

(作者单位:宁波博物馆)

鉴真与唐招提寺

虞　琰

宁波是海上丝绸之路的重要港口，也是大运河的终点，起着海陆转运连接的作用，在唐宋时期频繁的交流往来中，对日本文化面貌的形成产生了深入的影响作用。近年来，宁波的世界遗产获得了突破性的进展，并正在积极申报海上丝绸之路世界遗产。因此，在海上丝绸之路的视野下，探寻和了解日本的世界遗产，有助于我们在对照和反观中，理解和认识我们自身的文化遗产价值及其世界性意义。

一　鉴真与日本佛教发展

虽然在6世纪时期，日本已经通过朝鲜半岛间接传入佛教，并受到皇室和贵族的崇奉，但在7世纪之后，尤其是在深谙汉文化的圣德太子的推动下，佛教才有了迅速的发展。他不仅兴建佛寺，营造佛像，而且积极招揽外国僧人，还派遣了一批学问僧出使中国（即遣隋使）。此后日本推行"大化革新"，在7世纪中叶至8世纪初，逐渐建立了以天皇为首的中央集权体制。从710年到794年，日本的都城基本上稳定在奈良，史称奈良时代。这一时期佛教兴盛发展，并受到日本统治贵族的重视，被视为世俗政治体制的重要支撑。随着佛教文化交流的发展，不仅大量汉译佛教经典传入日本，中国当时的佛教学派和佛教宗派也都传入日本，逐渐形成了"奈良六宗"，即三论宗和成实宗，法相宗和俱舍宗，华严宗、律宗。其中把中国的律宗正式传入日本，被日本律宗奉为祖师的是天平胜宝六年（754年）东渡日本到达奈良的唐僧鉴真（图一、图二）。

图一　《鉴真和尚像》（现藏日本奈良东大寺）

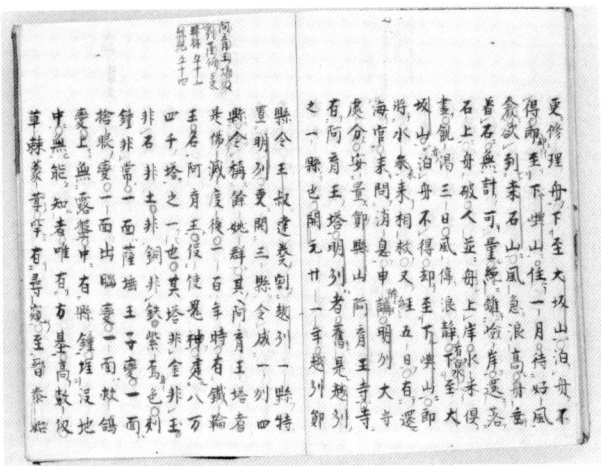

图二　《唐大和尚东征传》（现藏日本奈良唐招提寺）

鉴真（688～763年），在日本被尊称为"唐大和尚"，死后谥"过海大师"，他是广陵江阳（今江苏扬州）人，唐中宗神龙元年（705年）受菩萨戒，景龙二年（708年）在长安受具足戒，受戒后游历长安、洛阳二京之后回到扬州教授戒律，成为当时的著名戒师。天宝元年（742年），当时在唐留学的日僧荣睿、普照到扬州大明寺邀请鉴真赴日传律，

此后鉴真经历了六次东渡，历时十二年，方才成功到达日本。其中第三次计划东渡时（约在744年），出长江口向东南方向航行之后，在舟山北面不远的地方遇到风暴，船破被救，被安置在宁波的阿育王寺，此事被记载于日人淡海三船779年所著《唐大和尚东征传》中。根据此书记载，鉴真一行离开阿育王寺时，"辞礼育王塔，巡礼佛迹，供养圣井护塔鱼菩萨"，中日学者都认为鉴真在宁波所住的两年时间内，对于将阿育王信仰传至日本具有重要影响作用，并携带了"阿育王寺塔样金铜塔一座"至日本。此外流行于宁波地区的本土信仰即"鳗神信仰"，也可能是日本一些地区相似信仰的源头。

天平胜宝六年（754年），鉴真一行到达奈良，被安置在东大寺。鉴真在东大寺卢舍那大佛殿前建立戒坛授戒，并在大殿西建戒坛院，成为全国中心戒坛，又在殿北建唐禅院，作为讲授戒律之所。天平宝字三年（759年），受赐故一品新田部亲王旧宅作为修建伽蓝之所，也即此后的唐招提寺。此后一直至去世为止，鉴真都集中精力在唐招提寺传授律学，培养人才，为此后日本佛教的发展奠定了坚实基础。

鉴真不仅传播了律宗文化，而且由于他和他的弟子对于天台宗也有深入研究，带去日本的佛教经典中以天台章疏最为完备，还曾先后在唐招提寺讲说天台宗义，因此也成为天台宗传到日本的先驱者。鉴真虽然到日本时已双目失明，但他凭记忆和理解，仍然校正了从中国传到日本的一切经论。如果说在此之前日本已经初步具备了佛教国家的意识，那么鉴真就可谓是对其起到画龙点睛的作用了。

二 作为世界遗产的唐招提寺

唐招提寺是日本最初的律宗寺院，至今仍然被尊为日本律宗总本山。招提的意思是在佛身边修行的道场的意思，因此寺名的寓意就是为鉴真和尚在此修行而建立的道场的意思，寺院大门上红色横额"唐招提寺"是日本孝谦女皇仿王羲之、王献之的字体所书。鉴真曾为圣武、孝谦两天皇及众多高僧授戒，他所开创的戒坛，成为最澄开创日本天台宗之前日本佛教僧侣正式受戒的唯一场所，鉴真也被尊为日本律宗初祖，其对日本佛教史以及奈良时代的天平文化产生了无可估量的影响。这所鉴真大师生前投注心血并在此圆寂的寺院，至今仍然保存了国宝17件，重要文物200多件，其建筑具有浓郁的唐代风格，寺院内还种植有来自中国的松树、桂花、牡丹、芍药、莲花、琼花等名花异卉（图三～图六）。

唐招提寺的正门南大门是现代按照天平时代的式样重建的，在南大门正面可以仰望到雄伟的金堂，正面7间，侧面4间，坐落在约1米高的台基上，这是日本现存最大的天平时代的古建筑。在金堂内安置了本尊干漆卢舍那佛，高3.7米，为奈良时代特有的脱干漆造，两侧有高5.36米的千手观音佛立像和高2.03米的药师如来佛立像，都是木心干漆造。

图三 唐招提寺

图四 唐招提寺建筑

图五 唐招提寺金堂

图六　唐招提寺钟楼

三尊大佛像前还有梵天、帝释天两尊小像和四尊天王的木雕像。堂内还有平安初期大日如来的木雕佛像。其中金堂、卢舍那佛像、千手观音佛像、药师如来佛像都是日本的国宝。

金堂后面的讲堂，面宽9间，为单檐歇山顶建筑，秉承了奈良时代寺院的特点，是传经布道的场所，也是日本的国宝。这所建筑是鉴真大师在创建之初，由宫廷赐予的平城宫的东朝殿迁筑而成的。占地100公顷的平城宫城址上现如今已是片瓦无存，成了草地，幸而有这一建筑迁移至此才得以保存至今，通过它可窥到当时宫殿的一斑。讲堂内部还安置了本尊弥勒如来（镰仓时代）、持国、增长二天王的像（奈良时代）。佛像两侧有两个外形似轿的小亭，是当年鉴真师徒讲经之

地。讲堂庭院里的藏经室，收藏有1200多年前鉴真从中国带去的经卷。

在金堂、讲堂的东侧矗立着寺内唯一的多层建筑舍利殿（鼓楼）。该建筑是镰仓时代的，原为安放鉴真大师的三千佛舍利而建。在其东邻有座长而大的建筑，这是三面僧房东室的遗迹（镰仓时代），僧房是古代寺院作为学问寺实行全寄宿制的历史见证，是过去许多实行严格戒律的律僧们起居的处所。在东边还有两座校仓（可防潮的屋子），南边的是藏经楼，北边的是藏宝楼。两者都为遗留甚少的天平校仓。尤其是藏经楼为该寺创立之前新田部亲王宅邸时就有的遗存建筑，较756年竣工的正仓院宝库更加古老，是日本现存最古老的校仓。

沿着藏宝楼背侧的石板路朝东行进到深处，有架高式的收藏设施新藏宝楼。这是为了更好地保存寺内的文物于前些年建起的建筑，除了工艺、绘画、经文之外，还将那些无处搁置而临时放在讲堂里的破损佛像也移到了此处。这些雕刻在雕刻史上都被规为唐招提寺式样的范畴而被尊崇。鉴真大师墓的西边幽静之处有座宏大的殿宇。这是把南都兴福寺旧一乘院门遗址的辰殿遗址，经过精密地复原并移到此处的古建筑，通过它可以推测平安时代贵族的宅邸及生活方式，因而是极具价值的稀有资料。

现在作为安置大师尊像的御影堂，建于1688年，供奉着鉴真干漆夹造的坐像，像高2尺7寸，面向西方，双手拱合，结跏趺坐，团目含笑，两唇紧敛，表现鉴真于763年圆寂时的姿态，已被定为日本国宝。大师的尊像在六月六日开山忌的前后三天开门供人参观。同时展出的还有日本著名画家东山魁夷1975年为御影堂绘制的68幅屏障壁画，包括《云影》《涛声》《黄山晓云》《扬州薰风》《桂林月宵》和《瑞光》等。

在佛寺中轴线西侧还遗留有钟楼和戒坛。钟楼

上挂的是平安时代的梵钟。戒坛是三层石造的豪华壮丽的建筑，有人经常把它和鉴真在东大寺的土造戒坛相比较，虽说因江户时代末期的一场大火而失去了外部建筑部分，但它那饱经风霜的凝重感还是让人肃然起敬。寺内还有地藏堂、三晓庵、本愿殿等建筑。

由于鉴真对于建寺造像富有经验，随他东渡的弟子也都是精于塑造佛像的雕刻家和建造寺塔的建筑家，唐招提寺的佛殿、讲堂、食堂、文殊堂、不动堂、地藏堂、影堂、开山堂、藏经楼、钟鼓楼及各堂佛像等，都是鉴真及其弟子们所计划建造的，因此唐招提寺建立之后，就成为后来日本佛教艺术的典范，平安朝以后佛教各宗大本山的佛殿建筑几乎都受唐招提寺的影响。1998年，唐招提寺与奈良的平城京遗址、药师寺、兴福寺、东大寺、法隆寺、元兴寺、春日大社及春日山原野等一起被列入世界遗产。

（作者单位：宁波博物馆）

天地静穆中日本寺庙建筑

张亚红

古之日本，因地理位置而形成一定程度上的隔绝之势，但因其西边一直存在着一个磁场强大、世无其二的高势位文化，让这种"隔绝"得势而破，并在历史长河中，以空间与时间、自然与人文上的特性，即纵和横的双向坐标影响着日本文化的特征。这其中，就包含建筑，且与宁波有着千丝万缕的关系。

中国古代建筑以木结构为主体，其布局构图、色彩渲染、造型风格、艺术形象等皆呈现出"虽由人作，宛自天开"的境界，且肌理丰富，细部精致，在古代建筑史上具有举足轻重的地位。宁波着墨于古代中国乃至世界建筑史上的篇章始于7000年前的河姆渡文化。余姚河姆渡、田螺山、鲻山等遗址中发现的规整平直的"干栏式"建筑遗迹以及大量带有不同形态榫卯结构的木构件，标志着真正意义上的宜居建筑的诞生，被誉为华夏建筑文化之祖源。这种建筑形式在数千年后伴随着水稻农耕文化传入日本，赋予日本建筑以决定性的性格，并成为日本木构建筑造型的原型之一。

不过，宁波建筑文化对日本的直接影响始于唐后期，盛于两宋，绵延至元明清。其中最为显著者即为两宋时期禅宗寺庙建筑样式与建筑技术人才的东传。

10世纪至13世纪是中国禅宗寺庙建筑发展史上最为活跃的时期，其整体布局与个体建筑均呈现出不拘一格的特点，同时又普承"卷帘唯白水，隐几适青山"的愿景，网罗天地、吸纳山水，饱含和平宁静、博大俊秀的气质，形成了独具风格的建筑体系。

而这一时期，宁波（明州）这一类建筑业实为兴盛发达且技艺水平非同凡响，其典型代表之一即为天童寺。据宋·楼钥的《攻媿集·天童山千佛阁记》记载，时天童寺山门阔"七间，高为三层，横十有四丈，其高十有二丈，深八十四尺，众檘具三十有五尺，外开三门，上为藻井，井而上十有四尺为虎座，大木交贯，坚致壮密，牢不可拔……表里明豁，自下仰望，如见崑阆……"对于一个以预制拼装为构件结合手段、以模数制为构件加工生产及尺度构成基准的木构建筑而言，如此的尺度规模，如此的雄阁巨构，所需要的技术与工艺水平自是无须赘言。除这一史料记载，另一有力的实证即已存世千年之久的建于北宋大中祥符六年（1013年）的保国寺大殿。在禅宗寺院林立的宋代，保国寺并无盛名，却也是"营构有槐林之柱，罘罳绝布网之尘，巧夺公输，功侔造化"，将木构建筑的绝妙之处发挥得淋漓尽致，足见宁波的建筑实力。

"居高声自远，非是借秋风。"静穆壮美的建筑和精妙绝伦的技艺促使宁波成为两宋时期日本高僧跨海求艺最为热衷的圣地，如日本高僧重源、荣西、道元、义介大师等，都曾到宁波学习禅宗寺院的营造理念和技术，归国后，都力兴移植仿写宋土建筑规制之举，助推日本寺庙建筑的跨越式发展。

当然，这在一定程度上来说，还得益于宁波作为宋日交往的首要法定港口地位的确立，从而得以"天时地利人和"之优势对入宋日僧产生无可抗拒的潜移默化的影响。据名噪一时的《五山十刹图》的"诸山额集"所示，入宋日僧足迹几乎网罗了当时所有的名刹要寺，除去宋代禅宗官寺制度中最高寺格等级的"五山十刹"，仍以宁波为最（约27寺），其次则为台州（约15寺），第三则为温州（约12寺）。

《五山十刹图》，乃入宋日本僧侣巡游禅宗大刹后约于南宋淳祐八年至淳祐十年（1248～1250

年）绘制而成，是日本禅刹创建之初最为重要的蓝本，且影响后世数百年。绘卷内容十分丰富，遍及禅林生活的诸方面，从伽蓝布局至殿堂寮舍形制、家具法器、仪式作法乃至极为细微之处，莫不详细图记，尤以建筑部分最为详尽，约占全卷之大半，且记有实测尺寸，实现仿宋风之七堂伽蓝式以营造日本禅宗寺庙之目的。所谓七堂，即为山门、佛殿、法堂、僧堂、库院、宣明（浴室）、西净，是当时五山十刹的核心，代表着禅寺建筑的最高水平。绘卷中宁波元素丰富且突出，"育王山洗面处""天童山宣明""天童山山门扇""天童山殿堂门窗"等具体建筑模式皆为重点实录对象；而天童寺更以其伽蓝配置的完整呈现而于五山十刹图所录诸寺中占据显耀地位。

如今，五山十刹图绘卷的祖本已无存，其抄本多绘成于日本室町时期（1333～1572年），虽题名各异，诸如金泽大乘寺所藏的《五山十刹图》、京都东福寺所藏的《大宋诸山图》、福井常高寺所藏的《大唐五山诸堂图》等；然内容则基本相同，其促成了日本禅宗寺庙建筑的鼎盛发展，同时也限定了其后建筑的基础和规矩。日本著名的建仁寺、仁和寺、药师寺等都带着明显的五山十刹之七堂伽蓝式特征。略作考证，则可知现存古寺中为数不少者都曾按照或者借鉴天童寺的"伽蓝配置"而建，渊源颇深（图一～图四）。

目前，存于世的且直接证明着两宋时期宁波木构建筑营造技术实力及其对日影响的寺院当属被称为"木结构建筑世界之最"的日本国保、世界遗产——奈良市东大寺。东大寺是日本华严宗大本山，又称"大华严寺"，是日本历史上最重要的寺庙之一。其始建于8世纪中叶，"削大山以构堂"，工程规模空前，建成之时，宏伟壮丽之姿可谓倾城倾国。然这一座大寺却于1180年毁于兵火之中，令日

图一　建仁寺方丈

图二　仁和寺经藏（典型的与禅宗一同传到日本的
中国建筑样式"禅宗样"）

图三　药师寺

本举国扼腕。1181年，朝廷颁布诏书复建东大寺，曾三次入宋的重源高僧被任命为向全国劝缘募化的"大劝进"一职，负责修复与重建工作。但由于佛殿、佛像等施工难度极大，日本工匠难以独立完成，重源遂提出与大宋名人"共商议"，邀请陈和卿等多名宁波铸造师共同营建寺院、铸造大佛。陈和卿等人多精通木工、冶炼、铸造、雕刻等多种技能，且在东大寺的设计、营造及建材的购置中倾尽全力，终助得东大寺复建工程大功告成。历经八百余年，在这个广阔的寺域里，仍保存着诸多当年明州匠人直接参与的杰作，其中五开间楼阁式南大门便是当年的原物。

图四　元兴寺

长物者，方能亘古久远。这一座日本最大的寺门，以其独有的韧劲，与来自地底下的蛮力作着硬性抗衡，也与来自风花雪潮的绵力做着柔性较量。一栏一门窗，一柱一斗拱，一脊一飞檐，延存至今，已是老迈深寂，但它们用疏朗简洁的构架、雄劲健硕的力感和错落纷繁的光影，令视觉美丽，心绪悸动。难以名状的震撼之后，沉淀于魂魄中的是一股满满的感叹，这，是源于本能的钦佩与自豪。

（作者单位：宁波市文物保护管理所）

中日海上丝路的僧使外交时代
——明代浙东中日文化交流研究

杨古城

一 干戈玉帛，明代与日本僧使外交的建立（1370～1418年）

1368年，朱元璋在金陵（南京）称皇帝，国号明，而将元代的皇城"大都"改称"北平"，即今之北京。该年十一月，朱元璋遣使向日本、安南、占城、高丽四国发去元灭明立的《诏书》。使臣和诏书到日本后，日本认为又是蒙古人派来的，断然拒绝接收《诏书》。

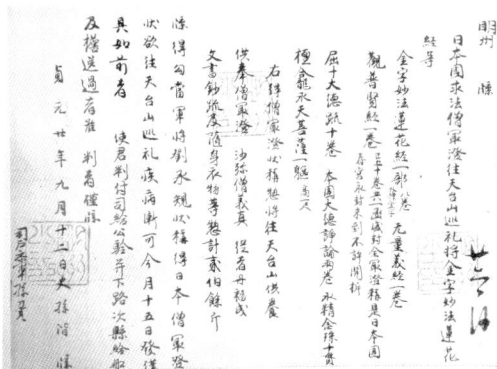

图一 明州刺史手书发日本最澄路牒

而也就在该年前后，明代沿海倭患四起。次年（1369年），朱元璋又再次派了国使杨载等七人的使团到了日本，这时日本方面竟然杀了5名使者，仅2人拘留三月后生还。这使朱元璋大为震惊，然而束手无策。

也就在这一年（1369年），日本京都岚山天龙寺绝海中津趁商船到了庆元（不久改明州、宁波），并被允准到了南京，受到了朱元璋的接见。绝海中津以著名的《古熊野祠》汉文诗，获得了朱元璋的赏识。诗中道："熊野峰前徐福祠，满山药草雨余肥，只今海上波涛稳，万里好风须早归。"

明太祖朱元璋当即和韵赐诗："熊野峰前血食祠，松银玻珀也应肥。当年徐福求仙药，直到如今更不归。"洪武三年（1370年），朱元璋再派赵秩带了僧人和沿海被捕倭寇共15人再使日本。这一次友好之举终于感动了日本怀良亲王，他不仅接受明代国书，并礼待明代国使。一年之后（1371年），日本派了僧人祖阿出使明朝，陪同的另一位曾在十年前在南京求法的学问僧椿庭海寿，以国使身份入京朝见朱元璋上表称臣，献上马匹、金银贡物，送还了倭寇在庆元（当时尚未称宁波）和台州劫掠的70余平民，还处置了扰事的倭寇头目。

崇信佛法的朱元璋十分高兴，给了赐物，又下了友好诏书。翌年（1372年），朱元璋认为改善二国关系，必须要使僧使面见崇信佛法的日本天皇，于是委派了宁波府天宁禅寺的住持仲猷祖阐和金陵瓦官教寺住持无逸克勤为国使，以曾在金陵天界寺留学的日僧椿庭海寿和杭州中天竺的权中巽为翻译，于洪武六年（1373年）会集于明州天宁寺，五月二十日从三江口趁商船渡海。于六月二十九日到达日本京都府。他们在京都住了三个多月，大受天皇款待，中日僧人互赠诗文。回国时日本又派遣了僧人闻溪宣来随行入明。于洪武七年（1374年），二位僧使回到金陵向皇帝复命，这是明朝通过佛教僧人首次与日本的正式交往。

过了两年（1376年），日本又派了京都延林寺、宝福寺住持延用文珪为使者入明。仍按惯例趁商船从明州登陆从运河进京。延用文珪在京城结识著名的翰林大学士宋濂，请他撰写了《宝福寺记》，回日本后刻成石碑。此后，不仅日本派僧使多次入明，日本幕府对侵扰明朝沿海的日本倭寇严加收捕，使

当时的明代海境比较平静。洪武十五年（1382年），日本又派了宝福寺僧延用文珪为国使再次入明通好。从《明史》和日本史料记载，自1379～1384年期间，曾又有五批日本使臣入明。

洪武十九年（1386年），明朝左丞相胡惟庸谋反篡国，欲借助日本兵力，暗派宁波卫指挥林贤到日本借来四百余兵。一年后终因事败，林被灭族，而明朝与日本又一次断交，沿海人民又陷入倭患的苦痛中。

二 断弦再续，僧使外交接续友好篇章（1401～1432年）

明代建文三年（1401年），燕王朱棣称帝北京，日本富商肥富从明朝经商回国，劝说执权的将军足利义满友邻，义满采纳后任命肥富为正使，起用洪武四年曾经入明的僧人祖阿为副使再次入明，朝见明成祖永乐帝，日本的贡物有"金千两、马十匹、薄样千帖。扇百柄……永乐帝不仅尤以礼待，并陈述倭寇又骚扰沿海，请日本方注意收捕。第二年，日本国使回国时，永乐帝派禅僧道彝天伦和一庵一如同行访问日本，执政的幕府足利义满参观明朝使船，并派员清扫明使入京的道路，增派了警卫，把他们一行迎到了京都，住入法住寺。九月五日在北山殿举行隆重接见仪式，明代僧使递交了国书，永乐帝国书中赞赏日方"心存王宝，怀爱君之城，踰越波涛遣使来朝，归捕流人（倭寇），贡宝刀、骏马……。"明使在日本京都受宴游历达6个月之久，与不少寺院僧人诗文交流。于次年（1403年）二月离京都返明，足利义满又派天龙寺僧坚中圭密偕梵云、明空二僧及翻译徐本元入明。足利义满的国书中表示明代皇帝"启中兴之洪业，当太平之昌期"，派使者供献方物。该年十月，日本使者在北京晋见

了明成祖朱棣，大受嘉奖，颁赐了敕谕。成祖派遣了赵居任、张洪及僧人道成等赴日，在1404年春风荡漾时，分乘五艘大舶从宁波发船，足利义满闻讯到港口迎候，明使一行达七八十人，骑马者三十余人先到京都，八月二十八日又有第二批使者进京都，日本幕府与明朝国使缔结友好的《永乐条约》，规定明代与日本十年一贡，人限二百，船限二艘等。而日本方面答应加强收捕明朝沿海的倭寇，规劝日本沿海村民以渔农为业安分守己。

明使回同时，日本幕府又派了僧人明室梵亮从宁波登陆后沿运河到明朝京城。日僧回国时又有明僧陪访。在永乐三年（1405年），十一月，明使回国时，日本幕府特意将二十多个倭寇的头目随船带回明朝，这批倭寇头目随船到了宁波，经明成祖允准，在奉化江边上的芦（炉）头堰起了炉灶，用铜制的甑活活蒸死（《筹海图编》）。

明·永乐四年（1406年），日本使者又到了宁波，并入京感谢明朝皇帝赐给的冕服，永乐帝御书有"敕日本国正使圭密副使中立，尔国王源道义忠贤乐善，上能敬顺天道，恭事朝廷，下能祛除寇盗，肃清海邦，王之诚心。惟天知之。唯朕知之。朕君临万方，嘉与民物同圆泰和尔……"（图二）这一次，永乐帝派遣了宁波象山籍的侍郎俞士吉率使团与日本使者同行，从象山石浦南门发船，六七艘船的船队直航日本。上陆后入京都。天皇北山殿接见，明使转达明成祖诏封日本阿苏山（今富士山）为"寿安镇国山"，并将明成祖碑文立石于山上。

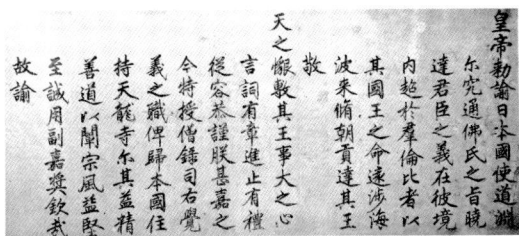

图二　永乐皇帝御书敕谕

据记载，俞士吉一行一年半后回到明朝，日本又派了天龙寺僧坚中圭密第三次任日本入明正使。乘载的使船除了贡品外，又有带到明朝来处置发落的日本倭寇头目。

明永乐六年（1408年），由于日本足利义满死去，明代与日本的友好又进入低潮。自永乐十六年（1409年）之后，直到明宣德即位（1426年），明代与日本的外交断绝，明代沿海又遭受长达近二十年的灾难。

三　继往开来，明代与日本僧使外交恢复（1426～1549年）

1426年，明代宣德皇帝即位，诏谕四方来贺，唯有日本国未派来使。为此，宣德皇帝通过宁波登陆的琉球王将希望友好的讯息转告日本。宣德七年（1432年）日本由足利义教执政，该年日本又派了遣明僧仍从宁波登陆。而这次遣明使是日本京都天龙寺的僧人龙室道渊为正使，共五艘大舶，500多名日本僧人为主组成。船队在该年八月十九日从兵库港待发，足利义教专程到港口视察送行，由于气候原因而在港口待航近一年。

关于这次选择的龙室道渊为入明正使，原来他是宁波籍人士，宁波地方史料只字未载。日本方面的记载是，30岁时随商船离开宁波，侨居日本，后来在博多圣福寺、长门安国寺为僧，再转京都岚山天龙寺为僧。龙室道渊以僧人身份，学识渊博，兼有航海经验，又精通汉日语言、文字和风俗，因此被日本皇室选为最适宜的使官。

明·宣德八年（1433年），五月间，东风劲发，龙室道渊率日本入明使船、兼作贡船和贸易船队经五岛后飘入大洋，十天之后到达舟山海面，缓缓驶入宁波港。因船头悬有贡船旗号，而格外令人注目，受到宁波府官员热烈欢迎，住进的佳宾馆已修缮一新，这是由于日本方面早已有讯报到明朝。

据日本方面的记载，带到宁波的日本货品和贡礼品、贸易品，其中有金银器皿、折扇、描金漆器、屏风、首饰、刀剑及硫黄、明器等。而已离开故乡20年的龙室道渊更是思绪如潮，感慨万千。数日后，主要的僧使官员们分趁数艘官船从月湖四明驿经运河向北京进发。到了北京已经六月入夏。明宣宗在奉天殿接见日本使臣，见到国书后大悦，又闻知正使是宁波人，喜上加喜，在京受款待。明宣宗以大明皇帝之威，御书敕谕"皇帝敕谕日本国僧使道渊，尔究通佛氏了之旨，晓达君臣之义，在彼境内超于群伦比者，以其国王之命远涉海波来朝贡……"（图三）。御书中授赐龙室道渊为日本僧录使右觉仪之职，敕任日本京都天龙寺住持。并指派内官雷春和鸿胪寺少卿潘锡担任正副大使，以裴宽、王甫厚为副使，带领访日船队，由宁波府置办国礼，择日礼访日本。

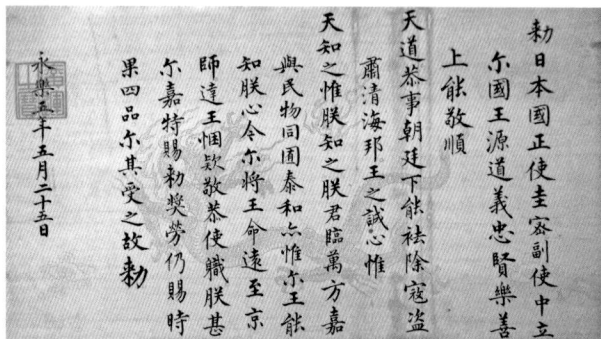

图三　宣德皇帝御书敕谕

宣德九年（1434年），宁波甬江二岸彩簇招展，礼炮轰鸣。在宁波港发船的访日使团的明代官员、僧人多达五六百人，分乘五艘大舶，满载宁波府的回赠礼品和贸易物品。后伴随日本使船五艘，

500余僧俗人士，共千人十大舶轰动宁波城乡甬江两岸。船队驶出甬江越过东海，六月初进入京都。由公卿们将明朝使官迎至皇宫的总门，足利义教在梵香三拜之后，接受明朝国书。明代使官要求日本继续禁止倭寇，发展友好贸易。在明代使臣们参观京都东福寺时，东福寺僧人信中以笃把自己的诗文求教鸿胪少卿潘锡，潘锡在赞赏之余，指出"惟如疏语"。信中希望入明求教，但不幸不久病逝，临终前希望徒弟北能入明求取真谛。

明朝使臣们到了八月廿七，才离京都返国。而龙室道渊仍留日本，到天龙寺当住持去了。

明代使船返回时，日本皇室又派了以誓中中哲为正使的六条大舶一起来到了宁波，明代使船和日本船装载的又是贡品、礼品和贸易品，日本的《遣明表》上有"秋水长天，极目虽迷，上下春风，和气同仁，岂阻东西……"用词热情而友好。

这次中日僧使交流，由龙室道渊带日本的、由宁波府置办的明代礼品贸易品有宁波著名的地方特产，诸如泥金彩漆、木雕家具、漆金雕刻、绣织品、陶瓷器、铜锡器、文房四宝、琴棋书画、诗书典籍等，装了六十个中国宁波式的木制漆画大箱，在码头堆积如山。并在皇城大街上展示部分中国器皿。官员及平民观者如堵，然后部分珍品入藏正仓院及分赠寺庙和官署。

而其中日本方面记载的由宁波府出产的特艺礼品有如下：

朱红漆彩妆戗金轿一乘；朱红漆戗金交椅一对；朱红漆戗金交床一对；银盂二面、银酒壶二个；银茶瓶二个；朱红漆褙金宝相花摺叠面盆架二座；古铜点金斑香炉二个，象牙雕荔枝鸟十杆；癢合子二个，朱红漆戗金碗二个……计40余种。（据木宫泰彦《日中文化交流史》）

四 好景不长，中日僧使外交的持续和归结

在明成化四年（1468年）第四次入明使中，日本画僧雪舟等扬住宁波天童寺一年半，由明宪宗赐"天童第一座"。当时，鄞人丰坊以书学名天下，见雪舟书法不凡，结为至交。后雪舟从丰坊学书，又得唐人怀素书法，书艺大进。雪舟到宁波由宁波府派陪贡徐琏当向导兼翻译。根据《四明谈助》的记载，徐琏出自宁波月湖柴巷徐氏，他与日本雪舟有"君子之交"，曾作《送雪舟归国诗序》，现藏日本毛利博物馆。雪舟绘有《宁波府图》《镇海县图》《育王山图》等。雪舟回日本后开创了日本水墨画

图四 日本僧使、画圣雪舟等扬作《育王山图》

的新纪元，成为日本人民崇敬的"画圣"（图四）。

明景泰四年（1453年），日本东福寺东洋允澎入明时，东福寺僧人信中的徒弟北能成为入明使的一员。这一次，使船到宁波逗留时，慈溪人张楷（1398～1460年），曾与抵达宁波的东洋允澎从僧笑云瑞訢、九渊龙琛有过诗文唱酬，并且深得遣明使的敬重。张楷之子张应麒，在其父影响下也与日本遣明使频繁交往。张氏父子的诗文有不少传到

了日本，流存至今的遗墨真迹十分珍贵，其中有张应麒赞文《一休像》〔张楷在明代永乐二十二年（1424年）进士及第，官拜都察院右金都御史，学识广博〕。

以宁波为口岸往返的中日僧使外交的友好交往，从宣德九年（1434年），直到日本又一位执政的足利义晴（天文十六年，1547年），即明代嘉靖二十六年，已经持续了一百十余年，共往返派遣了十一次以僧使为主的外交官员。其中有日本著名的汉学高僧策彦周良、东洋允澎、龙室道渊、天与清启、竺芳妙茂、子璞周章、尧天寿宣、了庵桂悟、宗设谦道、湖心硕鼎等。他们都在日本京都名寺天龙、相国、建仁、东福等"五山"中选任。

再如日本第八次遣明使了庵桂悟，到宁波时年已83岁，他精通汉学、二渡重洋，明正德六年（1511年）到宁波，成为宁波阿育王寺唯一日籍住持，由宁波府代皇帝赐金襕袈裟，他回国时大儒王阳明作诗饯别。

在明正德六年（1511年）同时入明的五良大夫瑞祥，随了庵入明后，在宁波学色彩陶艺制法，回国后在肥前的有田和奈良鹿脊山制彩陶。他在正德癸酉（1513年）回国时，甬上李春亭有诗《送居士五良大夫归日本》：

敬将玉帛觐天颜，回首扶桑杳渺间。舡舶古鄞三佛地，杯传新酒四明山，梅黄细雨江头别，帆引清风海上还，明到贤王应有间，八方职工溢朝班。

明嘉靖十七年（1538年）十二月，日本天龙寺妙智院策彦周良（1501～1579年）以副使身份与正使湖心硕鼎从宁波首次入明（图五），这使日明贸易关系在"争贡之乱"后顺利恢复。明嘉靖二十六年（1547年），他又以正使身份经宁波使明。策彦周良二次使明滞留3年，巡礼名山古刹，回国后写下《策彦和尚南游记》，记录了他

图五　日本天龙寺妙智院

从1538年至1550年中两次使明，经舟山群岛、宁波行至北京沿途见闻，以及参访名山古刹等内容，保存了许多关于明代宁波的资料。在日本僧使策彦周良二次入明回国时，鄞县书画家赠送了《送别图》藏日本天龙寺，图中表达了两国文士依依惜别盼望再见，然而终成永别（图六）。

图六　宁波文士赠书画给二度入明的日本僧使

中日之间的僧使外交和友好贸易进行到明嘉靖二年（1523年），日本正使宗设谦道和副手鸾冈瑞左与宋素卿（原宁波朱漆匠之子，因抵债入籍日本）被派来宁波。因宋素卿原籍宁波，重贿宁波府官吏，提前办理验货，造成宗设与瑞佐血拼，进一步劫掠府衙，一路杀到绍兴府，宗设开船逃回日本，瑞佐被杀，宋素卿被捕死于狱中。从此后，明皇朝对日本的作为大有戒心。虽然此后又有湖心硕鼎、策彦周良等友好入明，但由于沿海倭患又起，从嘉靖三十年（1551年）起，中日的僧使外交及友好交往终于彻底中断了。

五　小　结

以宗教僧使作外事交流的媒介，这实际上是中日两国人民从汉唐至宋明千余年以来共同信仰和僧人的特殊地位所造成。而浙东宁波，作为中日关系史、海上丝路交流史和海交史中的最重要的枢纽，在宋明二代具有特殊重要的意义。其中尤以明代初年至嘉靖200年期间的僧使外交，对于二国的政治、经济和文化的交流起过重要的促进作用，因此对于这段历史资料的研究还有待专家们进一步的深入和持续，其中突出反映当时宁波三江口码头已经成熟，中日海道航线及航海术十分稳定，双方目的港及继续从濑户内海至兵库港登陆比唐宋时代更安全和便捷。因此明代上半期中日海路的繁荣，为清代、近代中日航海和更广泛的文化交流奠定了扎实的基础，促进了两国住经济文化的发展（图七）。

图七　明中日海交图

参考书目

乐承耀：《宁波古代史纲》，宁波出版社，1999年。

〔日〕村上博优：《日中文化交往历史年表》。

〔日〕木宫泰彦：《日中文化交流史》，商务印书馆，1980年。

日本奈良博物馆：《圣地宁波》特别展览画册，2009年。

（作者单位：宁波工艺美术研究所）

从造船看宁波对古代海上丝绸之路的贡献

江婷婷

在 古代，对于一个注重海上贸易的港口城市，造船技术是至关重要的要素之一，决定着这一港口城市在海上交往中的地位和作用，宁波无疑在此有着得天独厚的优势。宁波一方面通过海上丝绸之路进行对外贸易的交流，促进了世界文明的发展进程，另一方面也以其造船业和造船技术努力推动着海上丝绸之路这一世界交流通道的发展，为海上丝绸之路的发展做出了独特的贡献（图一）。

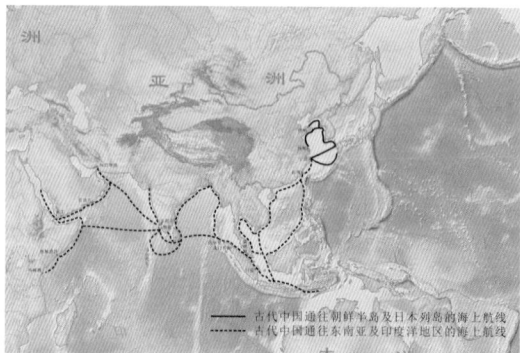

图一　古代中国的海上航线

七千年前的河姆渡文化是我国海洋文化中传播范围最广、影响最大的两大文化系统之一。遗址出土的舟船文物数量多、品种全，包括船桨、独木舟、陶舟、有段石锛、大量鱼类骨骼的遗骸等。其中，有段石锛是一种远古造船专用工具，据有段石锛研究名家林惠祥考究，源于"河姆渡文化"的有段石锛除在我国大陆沿海地区多有分布，另通过海上交通路线一直传播至东亚的日本列岛、朝鲜半岛，横渡台湾海峡至台湾，太平洋波利尼西亚群岛、菲律宾、苏拉威西岛、北婆罗洲等太平洋沿海岛屿。这有力证明了当时的河姆渡人已掌握了简单的造舟技术，他们用有段石锛等原始的工具制作出舟楫，凭着非凡的勇气和智慧，涉足海上，向海洋索取生活资料。

自春秋以降，各国为争夺霸权、扩张版图、经济发展等需要，建立起强大的海军，并开始发展水上航运业，建立相应的航运管理制度。越王勾践在句章建军港，设置了专门官办造船的工场——舟室，位于会稽城北五十里处，凭借较高的造船技术建立了相当规模的海军。前473年，越王勾践灭吴，从会稽迁都琅邪。前379年，越国复去琅邪，浮海南下迁都于吴。这两次迁都，可窥越国当时在海上运输方面的规模显赫。据《绝越书》载："勾践徙治山北，引属东海，内、外越。"内越，泛指东海之内勾践所统辖的大陆越地。外越，当指东海之外勾践所领有的海外越地。因此，句章港凭借优越的地理位置，成为越国东海通海的门户，从战国时期至西汉时期都作为我国沿海海上交通线的重要军港和物资集散地。

汉武帝在建元三年（前138年）派张骞出使西域，开通了载誉中外的中西贸易交通要道丝绸之路，但常因匈奴的骚扰而中断。于是，汉代在已拥有雄厚的造船技术和航海实力的背景下，开辟了海上对外贸易和交通的要道，由于当时中国对外货运品以丝织品为主，因此相对于陆上丝绸之路而言，亦被称为"海上丝绸之路"。使之前尚在原始阶段的中日航海活动更加成熟密切，并开通了经南洋到达印度洋的远洋航线。东汉晚期，印度的佛教通过海道传入我国的东南沿海，从广州传进宁波。

六朝时期的宁波海路交通便捷，近海贸易频繁。其中滨海的鄞县，以其地理之便，成为南北近海贸易的主要中转站，由此"汜船长驱，一举千里，北接青徐，东洞交广"。

唐代是中国历史上的繁荣时期，国内生产力强盛，对外海上交往频繁。这个时期的主要造船基地，多与盛产丝绸和瓷器的地区相一致，造船与丝、瓷生产相互推进，相得益彰。唐王朝将盛产瓷器的鄞县港从越州划出，单独成立明州府，至此明州港逐渐发展成为南方地区著名的建造海船的基地及海上丝绸之路的重要港口。

在唐中期以前，日本遣唐使用日本船或新罗船，航途中遭风浪而船毁人亡的事故很多。据明代王在晋撰写的《海防纂要》记载："日本船不用铁钉和麻斤、桐油，只联铁片，以草塞罅隙，费工多、费材大，布帆悉于桅之正中，不似中国偏帆活……唯使顺风，不能使逆风。"相较之下，我国远洋航行的"唐舶"则具有船身大，容量多，坚固结实，帆樯灵活，抗风能力强等多项优势，因此在唐中后期，阿拉伯、波斯商人，日本的使节、僧人和学生都改乘唐舶。而这些船有些便属于以明州为基地的明州商团。唐中期以后，中日航海状态一改之前官方交往的主基调，从唐开成四年（839年）至唐末天佑四年（907年）近70年间，被民间商船所取代。以李邻德、张友信、李延孝等为代表的明州海运商团建立了远洋海船基地建造远洋大海船，并多次往返中日之间。其中，张之信在唐大中元年六月二十二日，从明州望海镇扬帆出航，得西南风三个日夜，便横越东海，到达日本"值嘉岛那留浦"[1]，可见明州建造的唐舶航速之快捷，航海技艺之精湛。

在唐朝中期，赴日的北路黄海航路受朝鲜半岛局势的影响难以为继，继而另辟南海南路一线，由明州的沿海港浦出发，横越东海，首达日本南方的奄美大岛附近，然后逐岛北航，唐代高僧鉴真东渡日本走的就是这条南路南线。唐代后期，随着航海技术日渐精湛，中日间快速对渡的新航线逐渐形成，即南路北线，由明州港启程，向东偏北横越东海，直抵日本肥前松浦郡的值嘉岛（今平户岛和五岛列岛），然后驶向筑紫的大津浦（今博多）和难波，张之信走的便是这条航路。

宋代，海上丝绸之路发展至鼎盛时期。由于两宋与辽金对峙、中日海上航线南移以及中国经济重心南移等诸多因素的影响，北方登州逐步衰落并演变为军港，明州在对外贸易交往中的地位日益凸显，成为东亚贸易圈的核心港口。朝廷在明州设立市舶司以管理海外贸易，设置高丽使馆以接待高丽的使臣和商人，等等。在这一背景下，明州的造船业和航海术得到了高度的发展，为海上丝绸之路的鼎盛创造了船舶这一基础性条件。

明州作为两宋时期全国11处官营造船场之一，凭借"'福建、广南海道深阔'不若两浙路如明州一带，是'浅海去处，风涛低小'，因而所造船舶较大，吃水也较深并有较优越的适航性能"的优势，成为王朝海船的重要制造基地。朝廷设置了官营造船场、造船监官厅事和船场指挥营，造船技术领先于世界。据现存史料统计，"诸州岁造运船，至道末三千三百三十七艘，天禧末岁减四百二十一……明州：百七十七"[2]，即北宋真宗时，全国官运船场制造的漕运船年度量为2916艘，而明州年造船量为177艘。哲宗佑元五年（1090年）正月四日诏，"温州、明州岁造船以六百为额"，约占全国造船额度的20%，跃居全国首位。除了官营造船场，明州的民间造船也非常繁荣。宋理宗开庆年间（1259年），对庆元、台州、温州的民船统计，仅此三州之地，大小民船就多达一万九千二百八十七只。宋开庆《四明续志》中，官府对明州地区民船调查统计，庆元六县［鄞县、定海（今镇海）、象山、奉化、慈溪和昌国县］共管船七千九百一十六只，船幅在一丈以上一千七百二十八只，一丈以下六千一百八十八只[3]，可见当时明州民间造船业

的繁荣。

不仅在造船数量上，造船技术明州也已居于世界领先地位。据《宋史·高丽传》：北宋宋神宗元丰元年（1078年），遣左谏议大夫安焘、起居舍人陈睦出使高丽国事，造两舰于明州招宝山下，一曰"凌虚致远"，次曰"凌飞顺济"，皆名为神舟。神舟"自定海绝洋而东，既至，国人欢呼出迎，国王王徽具袍笏玉带拜受，优待焘、睦，馆之别宫，标曰'顺天馆'，言尊顺中国如天云"。宋徽宗于宣和四年（1122年）遣路允迪及傅墨卿出使高丽，在明州又建造两艘神舟，雇客舟六艘，组成"以二神舟、六客舟兼行"的大型豪华船队，北宋著名航海家徐兢随使而行，并在《宣和奉使高丽图经》有"巍如山岳，浮动波上，锦帆鹢首，屈服蛟螭"。高丽"仰国耸观而呼欢嘉叹也"。同行的六艘客舟也"略如神舟"。徐兢在书中对此作了一定的描述："旧例每因朝廷遣使，先期委福建、两浙监司顾募客舟，复令明州装饰，略如神舟，具体而微。其长十余丈，深三丈，阔二丈五尺，可载二千斛粟。其制皆以全木巨舫，挽叠而成。上平如衡，下侧如刃，贵其可以破浪而行也。"客舟载重量按2000斛计，每斛为120斤核算，共计可载120吨。以"若夫神舟之长、阔、高大，什物、器用、人数，皆倍客舟也"计算，神舟载量应达240吨之数。

宋元时期，海上丝绸之路发展至顶峰，明州高度发达的造船业和居于世界领先地位的造船技术促进了海上贸易的蓬勃发展、文化交流的进一步加深和人员往来的极度频繁。海上丝绸之路东向日本和高丽，长江以南的出发港基本是明州，广州、泉州或其他地方东去日本、高丽者，往往也是先到明州再东行，一般在夏日到初秋，利用东南季风航行，一周左右可到达。北宋年间甚有规定，凡"非明州市舶司而发过日本、高丽者，以违制论"。运往日

本的货物主要有瓷器、绫娟、书籍等，捎回本国的货物大约有金、银、水银、珍珠、硫黄及具有日本特色的工艺美术品。南宋对日贸易港仍以明州（后改称庆元）为主，此时值得注意的是南宋的钱币开始大量输入日本，对双方的经济生活都产生了强烈的影响。同时，明州与南洋、西洋亦往来不断，有的阿拉伯商人北上径自明州。

入元后，中央对外政策更为开放，庆元成为重要的军港与商港，忽必烈时期的几次越海远征均与庆元港关系密迩。在航海贸易上，也兴旺繁忙，"是邦控岛夷，走集聚商舸。珠香杂犀商，税入何其多"。据元末的《至正四明志》与南宋的《宝庆四明志》可知，元代至庆元的舶货已为二百二十多种，比南宋时增加了六十多种[4]。

明清时代，由于"海禁"，宁波港渐趋式微，清咸丰四年（1854年）冬天，为海道护航的需要，宁波舶商集资白银7万两，向国外购进配设武器装备的轮船一艘，定名"宝顺轮"。中国近代第一艘轮船"宝顺轮"在宁波港的出现，标志着中国海运从传统的木帆船时代迈入了近代化机动船时代，发展起了现代海运业，以"世界船王"包玉刚及其家族为杰出代表的宁波帮也成为世界海运业中一支不可小觑的力量，精英辈出。时至今日，宁波港已经是闻名世界的现代化东方大港，而宁波的造船业也享誉世界，继续为21世纪海上丝绸之路做出着自己的贡献。

注 释

[1] 孙光圻：《中国古代航海史》，海洋出版社，1989年，296～298页。
[2] 徐松：《宋会要辑稿》食货四六水运。
[3] 开庆《四明续志》卷第六（宋元四明六志第三十九）三郡隘船。
[4] 孙光圻：《中国古代航海史》，海洋出版社，1989年，470页。

（作者单位：宁波博物馆）

公众参与机制在博物馆中的介入

莫意达

随着经济的快速发展和社会的进步，人们的生活水平提高。"仓廪实而知礼节"，物质生活满足的中国人正在逐步改变着生活的方式，追求物质之外的文化精神生活，对文化生活的需求正日益成为推动中国社会发展的主要因素之一。作为文化服务机构，当下的中国博物馆由此处于一个重要的转变时期，"公众"正日益成为——甚至于取代藏品——成为博物馆工作的重点。那么，什么是"公众参与"，是否要让公众参与，公众如何参与，公众参与应该到何种程度……，这些都是博物馆人在解决"公众参与"这一命题时亟待解决的主要问题。本文拟从博物馆实践的角度出发，就博物馆公众参与提出几点看法。

一　对于博物馆公众参与的再界定

博物馆公众参与，这是一个比较宽泛的概念，它牵涉社会学、心理学等多个方面。同时，目前全球有数以百万计的人参与到博物馆中来，他们的参与方式多种多样，参与的目的和价值预期也不尽相同，因此需要对这些概念加以界定。

1. 是谁？谁是博物馆的公众

对个人而言，公众的基本含义有二：从广义上说，公众是除自己之外的所有人，具有排己性；从狭义上说，公众是除自己及与自己有相当关系或一定交往的人（或团体）外的人群，具有排他性。就博物馆而言，公众应当从广义加以界定，即除了博物馆及其内部员工之外的全体社会组织、单位和个人，不论是普通的参观者，还是政府官员、研究机构、企业等，都应当视作博物馆的公众。

目前，许多博物馆把"公众参与"中的"公众"人为地限定在几类特定的人群，如博物馆之友、博物馆志愿者等。这些群体特征明显、人员相对固定、参与方式明确，容易加以分别。但是除了这些群体之外，仍然有大量的社会公民参与了博物馆的各项工作，这些群体相对而言人员变化大，参与方式多样且不明确，很难非常明确地加以分别和界定。例如，市民在博物馆的留言本上对某一展览提出自己的看法和意见，他其实就是作为公众参与的博物馆。我们对博物馆公众的理解，应当是全面覆盖的，而不是仅仅局限在某些特定人群。

2. 如何？公众以何种方式参与博物馆

在确定了"谁参与博物馆"之后，公众以何种方式参与博物馆也相应地比较明确。

首先是特定群体的参与方式，这些主要是博物馆的赞助者、捐赠者、志愿者以及理事会、学术委员会等机构成员，他们或以捐赠、赞助的方式支持博物馆的发展，或就博物馆的管理、决策等提出意见和建议，或以志愿者的身份直接参与到博物馆为他们设定的工作中来，等等。

其次，是非特定群体的参与方式。这些是指除了特定群体之外的非确定的人群，他们参与博物馆的方式多种多样，或参观博物馆，或向博物馆提出建议，或参与问卷调查，或为博物馆提供相关信息，等等。

3. 为什么？公众参与博物馆的价值预期

公众参与博物馆的价值预期，或者说，公众为什么要参与博物馆，公众需要通过参与博物馆获得何种价值，这是博物馆公众参与的一个核心问题。只有了解公众参与博物馆的目的和价值预期，博物馆才能对症下药，才能有的放矢地使更多的公众参

与博物馆。本文认为，由于每一个个体的不同，公众参与博物馆的价值预期也千差万别，但总体上可以归纳为以下几类：

（1）自我实现的需要。这主要集中在志愿者、捐赠者等几类特殊群体身上。他们参与博物馆是为了展现自身的社会价值，实现自我。

（2）认同感。认同感有多种形式，或是个体的相关工作获得博物馆及其相关机构和人员的认可而获得认同感，或个体在博物馆的某个行为和某项工作获得朋友、亲戚等社会群体的认可而获得的认同感，或是对某一地区、某一城市、某一国家乃至某一种族的归属感，等等。

（3）需求的满足。如果说自我实现的需要、认同感这两个是集中于某些特定人群、属于相对高层次的价值预期，那么需求的满足则是绝大部分公众参与博物馆主要的目的。例如，为了看到想看的展览、为了获得休闲舒适的参观环境，公众向博物馆提出意见和建议，为博物馆提供展览信息，甚至直接参与到博物馆的展览策划、环境改造中来。这些公众参与博物馆的目的简单明确，能促使更多的群体和个人参与博物馆，实现严格意义上的全社会参与博物馆的理想状态。

二 博物馆与公众关系的三个层次

在20世纪，有学者曾归纳了21世纪世界博物馆面临的主要问题，并认为博物馆与政府、博物馆与公众、博物馆与资金、博物馆专业化等将是21世纪博物馆发展所必须要解决的四个关键点。这四个方面相互交织，相互影响，而其中，博物馆与公众则是更为重要，它决定着博物馆的性质、责任及其存在的价值。

从公众参与博物馆的程度出发，本文将公众与

博物馆的关系分为三个层次。

第一层次：公众参观博物馆。

就博物馆与公众的关系来说，这一层次是最基本，最原始，但也是目前一般公众对博物馆的认知。对普通观众而言，或是主动，或是被动，或是有目的，或是无目的，他仅仅是一个参观者，仅仅是一个旁观者。作为博物馆，仅仅是为观众提供展览以及参观展览的场所和环境，至于前来参观的公众在参观中是否舒适、能否看懂展览，这些都不在博物馆的考量范围之内。在这个层次，博物馆与公众之间不存在着交流、共享以及共鸣，有的只是参观者和展览提供者这一简单的关系。

第二层次：公众参与博物馆。

"公众参与博物馆"是博物馆与公众关系的第二个层次。在这一层次，公众与博物馆之间不再是单纯的参观者与展览提供者的关系。博物馆作为社会文化服务机构，不再是关门办展览、低头提供服务，而是以开放的心态、通过多种方式让公众参与到博物馆的展览、活动、教育等各种活动中来；而公众可以以多种渠道向博物馆提出自己的需求、想法，甚至直接参与到博物馆的各项工作中来。

以展览为例。在这一层次，博物馆的展览不能是简单的、专业化的展陈模式，而应当是从两个方面入手，一方面是坚持展览的专业性，一方面则是加强对观众的需求、读懂展览能力的研究，并使这两个方面有效地结合起来，即在专业研究的基础上将专业性、学术化"文而化之"，从而转化为普通大众能够看懂、理解的展览，只有这样展览才能够真正发挥其作用，才能与观众产生共鸣，博物馆的社会职能才能得到真正的发挥。

第三层次：博物馆成为公众的一种生活方式。

如果说第一层次——公众参观博物馆——是博物馆拆除了公众进入博物馆的有形的门槛，第二层次——公众参与博物馆——是博物馆拆除了公众进入博物馆的、无形的门槛，那么第三层次——博物馆成为公众的一种生活方式——则是博物馆与公众之间的水乳交融。在第一层次，博物馆在一定程度上是冷漠的、在观众眼中是高高在上的，而公众看博物馆则是敬畏的、远观的，二者在某种程度上是对立的；在第二层次，博物馆与公众之间是平等，但二者之间依然是泾渭分明的；而在第三层次，则体现中国古代哲学意义上的"和而不同"，博物馆与公众之间和谐交融但又保持各自的特性。对博物馆来说，公众既是外在的参观者也是博物馆重要的、有机不可分割的一部分；对公众来说，博物馆不但是一个参观展览的场所，更是一种生活的方式，是精神的殿堂，是家庭的"会客厅"，是人生的"后花园"，是生活的一个重要组成部分。这种"和而不同"、水乳交融正是博物馆与公众之间良性循环、和谐共处的最高境界。

博物馆公众参与的这三个层次，从横向上来看，众多的博物馆正处于"公众参与博物馆"这第二层次，而部分博物馆正逐步尝试迈向第三层次，但也不乏有些博物馆仍然没有转变观念，仍然在第一层次徘徊；从纵向上来看，博物馆公众参与的这三个层次恰恰是公众与博物馆关系发展演变的历史。就新中国成立以来博物馆发展来看，第一阶段是"公众无意识参与期"。这一时期博物馆主要承担着政治宣传的作用，公众参观、参与博物馆基本上是无意识的参与，而博物馆也不会考虑公众的需求。第二阶段是"公众参观期"，这一时期博物馆转主要关注文物收藏、研究和保护，公众的需求没有受到关注或者必须服从让位于专业需要，许多博物馆对公众开放但基本上很少有公众参与博物馆。第三阶段"公众参与期"。这一时期，众多博物馆开始重视自身的社会职能，强调博物馆必须为社会服务，并主动融入社会、拉近与公众的距离、增强博物馆文化亲和力，努力使博物馆成为社会公众精神文化生活中不可或缺的组成部分。

三　公众参与博物馆的实践构想

随着社会的发展，随着博物馆人乃至整个社会对博物馆核心价值和社会责任的认知，博物馆和公众之间的关系也日益紧密、和谐。博物馆正以更加开放的姿态欢迎着公众的参与，而公众也以更大的热情参与到博物馆事业中来。针对公众更好地参与博物馆实践，本文提出一些构想。总结起来可归纳为："一个观念，二个方向，三个平台，多种途径。"

1. 树立公众参与博物馆的观念

"不论受过良好教育与否，大家都是平等的，我们不应追求名词意义的博物馆，而应当追求我们大家的博物馆"，这是澳大利亚著名的博物馆学者唐纳德·霍恩曾提出一个非常重要的观点，也恰恰是目前博物馆必须思考的一个问题。

受经典博物馆责任观的影响，国内外许多的博物馆依然是以藏品为核心，公众需求必须屈从于藏品、屈从于专业。而与此同时，更多的博物馆则认为：博物馆应当以人为核心，公众的需求决定着博物馆的政策和行为。博物馆应当注重藏品的研究，但更应当关注公众的需求，并从公众的需求出发将藏品研究的专业化成果转化为适合公众"阅读"的科普化知识，藏品必须是鲜活的，展览必须是可接近的，教育必须是能理解的。

要公众参与博物馆，博物馆自身首先必须树立起"以人为核心"的观念。只有坚定了这样的信念，博物馆才能在日常工作中自觉地将公众放在核心的位置，才能真正做到从公众需求出发。

宁波博物馆自2008年开馆之初，就提出了"大

资源观"和"市民博物馆"两大理念。"大资源观"放眼全球，心怀天下，整合全市、全国乃至全世界的资源为我所用。"市民博物馆"强调博物馆必须为市民而办，为市民博物馆。这两大理念的核心要义就是以公众为核心，就是突出博物馆的公众参与。

2012年，宁波博物馆在两大理念的基础上提出"百姓博物馆"概念，在公众参与的深度和广度上做了进一步的拓展。对此，《光明日报》将宁波博物馆的这一理念和做法作为重点进行专题报道。

2013年，宁波博物馆在"百姓博物馆"的基础上，进一步提出了"博物馆：百姓的一种生活方式"这一全新的理念，认为：博物馆应当成为百姓一种学习的生活方式、休闲的生活方式和高尚的生活方式。正是这样长期坚持公众为核心的理念并不断深入和完善，宁波博物馆的每一位员工都逐步树立并形成了公众参与的观念并具体实践中加以贯彻执行。

观念的树立应当从以下几个方面入手：

（1）教育培训。通过教育培训让博物馆人了解、认知博物馆以公众需求出发开展公众的重要性和必要性。

（2）建立制度。建立起一整套以公众为核心的运行制度，通过制度约束行为，以行为改变观念。

（3）持之以恒。观念不是一朝一夕就能树立的，博物馆必须常抓不懈，持之以恒。

（4）注重平衡。博物馆不同于其他文化服务机构，它必须以藏品及其研究为基础。因此，在树立以公众为核心这一观念的同时不能忽视、甚至抛弃对藏品及研究。没有观众，博物馆只是一个收藏所；但没有藏品，博物馆则不再是博物馆。

2. 注重公众参与博物馆的两个方向

在树立公众参与观念的基础上，博物馆应当注重公众参与博物馆的两个方向：

（1）自内而外。所谓"自内而外"就是博物

馆自身观念的树立以及行之有效的措施来推动公众参与博物馆，如为志愿者搭建服务的平台、为观众建立方便快捷的、向博物馆提出诉求的渠道、建立理事会制度等。自内而外实际上就是练好内功，博物馆为公众参与创造有效、便利的条件。

（2）自外而内。所谓"自外而内"就是博物馆要培养公众参与博物馆的意识，并逐步使之成为公众的一种习惯和生活方式。目前，众多博物馆强调公众参与，更多的是把精力放在了"自内而外"方面，这一方面难免有"自娱自乐"的嫌疑，另一方面也"剃头挑子一头热"。而要改变这一状况，核心和关键是培养公众参与博物馆的意识。无论博物馆搭建了多好的平台，拓展了多少的途径，如果公众没有意识、也不乐于参与到博物馆中来，博物馆"自内而外"所做的相关工作便毫无实效可言。因此，博物馆在"自内而外"工作的同时，更应当通过宣传、教育、活动等多种方式引导公众参与博物馆行为，并有意识地逐步培养公众参与博物馆的意识和习惯，使参与博物馆成为公众的一种生活方式。当然，培养公众的这一意识不是短时间就可以形成的，它是社会发展、公民素质提高等共同因素作用的结果。但是，博物馆应当在其中发挥积极主动的作用。

"自内而外"培养公众参与博物馆的意识，需要建立起一整套价值体系、任务体系、目标体系和道德伦理体系。下面就以博物馆之友和博物馆志愿者为例对此加以阐述。

首先，公众中的哪部分人参与博物馆，成为博物馆之友或博物馆志愿者？

博物馆之友和志愿者是指那些乐于以任何一种方式为支持博物馆、博物馆的发展、为公众使用博物馆和扩大博物馆影响力做出贡献的个人或团体；他们的活动是建立在志愿的、不追求回报的基础之上的；他们的帮助可以是道义的、财政的或义务的专业能力。博物馆的捐助者、赞助者、志愿者、博物馆委员会成员等都被视为博物馆之友。所以，他们是这样一批人。

（1）他们追求在文化发展中高尚的目标，为博物馆提供支持、知识、经验以及能力技能，以此推动着博物馆的发展。

（2）他们的承诺是，在志愿性的原则下团结一致，以社区公民的身份在博物馆发挥他们的作用。

（3）他们是一批特别的博物馆观众，能够从公众利益的立场上，意图推进博物馆得以最好的发展。

其次，博物馆之友或博物馆志愿者的主要特征，主要是四个方面：合作、支持、遵规和满足。

（1）所谓合作，是指他们以一种开放的方式、合作的精神与相关博物馆共同开展各种活动。

（2）所谓支持，是指他们以宽容和热忱的姿态支持着博物馆。

（3）所谓遵规，是指他们要尊重博物馆所提出的要求，他们工作的目标、范围以及具体活动内容都应当是经过认真开发的，并且有博物馆直接参加讨论和博物馆主管部门的同意，同时符合该博物馆的使命。

（4）所谓满足，是指他们不期待得到经济或其他方面的利益，确保奉献于博物馆的运行和发展、奉献于博物馆所服务的公众为最高满足。

再次，博物馆之友或志愿者参与工作的领域，主要包括：

（1）这些领域，需要根据每一座博物馆的具体特征、宗旨和每个具体目标，甚至博物馆拟开展哪些活动而做出专门设计。

（2）当他们属于由博物馆专职员工控制的领域时，特别是涉及藏品保护、研究、对外宣传时，只能在相关员工同意的情况下才能进行。

（3）当他们的工作涉及非专职博物馆员工的领域时，又可能发掘出肥沃的土壤，并充分地发挥主观能动性。

最后，博物馆机构应当满足博物馆之友或博物馆志愿者的哪些预期？

博物馆之友或博物馆志愿者对博物馆机构的期待主要体现在五个方面：认同感、支持、和谐、沟通（交流）和培训。

（1）认同感，博物馆机构及其员工要充分认同、鼓励和很好地运用参与者的工作及其贡献，无论这些贡献是来自博物馆馆舍内，还是馆舍之外。

（2）支持，博物馆这些参与者建立自己的组织并支持他们工作，并在可能的情况下提供所需要的资源，促进博物馆和这些组织共同目标的实现。

（3）和谐，博物馆应当促进机构自身与博物馆志愿者组织之间的和谐关系，强调团结一致和归属感。

（4）沟通（交流），博物馆应当确保他们对博物馆的使命、长期和短期目标，未来规划、活动和行政管理程序等有充分的了解。

（5）培训，为了确保参与者的工作达到最高效率，博物馆应该对可能需要参与者帮助的领域进行培训，鼓励他们参加各种培训班、研讨会和讲座，提高从事相关工作的娴熟程度。

总体而言，"自内而外"是博物馆创造条件使公众能够参与博物馆；"自外而内"是博物馆培养公众参与博物馆意识，使公众主动地参与博物馆。只有这样双管齐下，公众参与博物馆才能成为可能。

3. 搭建公众参与博物馆的三大平台

推动公众参与博物馆，当下中国博物馆需要搭建公众参与博物馆的三大平台。

（1）参与管理的平台

虽然随着免费开放政策的实施，我国博物馆正逐步从不问世事的象牙塔中走出来，以更加开放的姿态面对观众，但就博物馆的内部管理、决策而言，博物馆依然是封闭的，对公众依然是不友好的，包括公众在内的外部人员依然很难进入博物馆内部，并对博物馆的管理、决策等产生影响。这就造成公众参与博物馆不能持续深入，不可避免地流于形式。因此，博物馆必须搭建一个平台，使得公众能够有效地参与到博物馆的管理和决策中来。这样的平台可以是多种方式、多种渠道。

首先是理事会制度。作为一个为社会发展提供服务的非营利永久机构，博物馆在其内部实行理事会制度，是国际博物馆界的通行做法。在欧美等发达国家的重要博物馆，普遍以理事会作为博物馆的最高权力机构。而且，理事会是开放和包容的。在美国，广泛参与和支持是其博物馆事业发达的重要原因之一。良好的制度设计促成博物馆与公众的良性互动，形成公众参与程度高、涉及面广、形式多样的活力局面。其中，董事会制度——公众进入博物馆管理层并参与对博物馆的管理——功不可没。

如美国史密森尼博物学院的摄政委员会（相当于董事会）有17名成员，由一名首席大法官、一名美国副总统、三位参议员、三位众议员以及九位美国公众组成，作为史密森尼的决策机构，这样就有效地保证了公众对博物馆的参与。

在国内，国家文物局于2008年中宣部、财政部、文化部、国家文物局《关于进一步做好公共博物馆纪念馆免费开放工作的意见》中明确要求："公共博物馆纪念馆要逐步实行理事会决策、馆长负责的管理运行机制。"但从总体来看，博物馆理事会制度基本还集中在以观复古典艺术博物馆、北京今日美术馆等私立博物馆。公立博物馆应当逐步建立起理事会制度，让公众参与到博物馆的管理决策中来。

其次，学术委员会。目前，国内众多博物馆都设立了学术委员会以提高自身科研水平、加强科研队伍建设，并对科研工作进行民主管理、民主监督和科学决策。但也毋庸讳言，学术委员会依然是博物馆内部人员为主，甚至全部由内部人员组成，外部公众依然难以参与到该机构的审议馆科研、业务工作的长远规划和年度计划等相关工作中来。而学术委员会恰恰是公众参与博物馆管理、决策的重要平台。

于2012年开馆的中华艺术宫与上海当代艺术博物馆建立了在政府主导下的"理事会决策、学术委员会审核、基金会支持"的"三位一体"运营架构。其中的学术委员会是评审两馆相关工作学术水准的机构，由国内外著名艺术评论家、美术史专家、重要美术专业媒体代表和部分重要收藏家组成。它是一个综合性、有代表性的学术委员会，职能包括把握两馆的学术方向，对两馆的办馆理念、学术定位、学术交流等提出指导性、合理性、建设性意见；审议两馆中长期发展战略规划和年度展览计划、收藏计划、学术交流计划和出版计划；审核学术研究、展览活动、典藏体系等相关业务项目。这一学术委员会无疑确保了公众对博物馆的参与。

最后，多种顾问和咨询性质的组织。不同于理事会和学术委员会，顾问和咨询性质的组织是公众参与博物馆最为灵活的方式，它不仅能够弥补博物馆多个方面的不足，也使公众能够有效地参与到博物馆内部工作中来并充分发挥各自的长处。美国博物馆十分重视建立各种顾问和咨询性质的组织，广泛吸收社会各界知名人士参加。这些组织大都成为博物馆在筹款、经营、业务等方面的重要帮手。

例如，大都会艺术博物馆的咨询及评议组织有：主席理事会、商务委员会、房地产理事会、专业顾问理事会、多元文化观众发展顾问委员会。在各藏品业务部门、艺术品保护部门和图书馆还有22个参观委员会，起顾问和咨询作用，成员多为赞助者。

克利夫兰艺术博物馆有展览委员会、妇女理事会、青年朋友等团体。

史密森尼研究院设有全国委员会、史密森尼遗产协会、詹姆士·史密森协会、妇女委员会、教师委员会等组织，同时还设立了独特的学术研究合作伙伴制度和实习生制度，史密森尼每年提供专项研究项目，广泛邀请世界范围内的大学、博物馆及其他研究机构的学生、学者进行合作研究。与此同时，史密森尼开放多种工作岗位，每年接收约900名来自全球范围内的博物馆、大学、研究所等博士生、研究生和大学生，提供就业实践和培训。

（2）参与服务的平台

除了搭建公众参与博物馆管理决策的平台之外，博物馆必须搭建一个公众参与博物馆服务工作的平台。其中，志愿者是公众参与博物馆服务最为重要的平台。这一平台进入门槛低，适合于最大范围的公众参与，能够最大限度地培养公众参与博物馆的习惯和意识；适用于讲解、引导、教育、活动等博物馆各个方面，能够有效地弥补博物馆人手的不足；既是公众，又带有博物馆职工的性质，志愿者能够在博物馆和公众之间搭建起沟通的桥梁，使博物馆能够有效地了解公众，了解公众的需求。

在欧美、韩国、日本以及我国台湾等多个国家和地区，博物馆志愿者（义工）事业已经经过了长时间的发展，形成了一整套科学、规范的体系，志愿者广泛地参与到博物馆导览和讲解、咨询台服务、电话咨询，档案馆、图书馆、行政办公室等众多工作中来，甚至还参与了一些以公众为导向的与艺术、历史及藏品有关的策展活动，他们成为博物馆履行其使命不可或缺的重要力量。

我国的博物馆志愿者虽然开始比较晚，但从总体情况来看，国内主要博物馆基本上都建立起了各自的志愿者队伍，并通过科学的管理、规范的制度使志愿者发挥越来越重要的作用。2013年，中国博物馆协会志愿者专业委员会在总结以往志愿者工作的基础上提出了"科学化、社会化、多元化、数字化、国际化"为核心内容的中国博物馆志愿者发展思路：科学化要求以科学的发展理念指导博物馆的发展，社会化要求志愿者的组成要普及到全社会、志愿者的工作范围要最大限度地普及到博物馆内部各个方面；多元化要求建立起一个科学合理的、多元化的岗位体系，打造一支科学多元的志愿者队伍；数字化要求通过数字手段实现博物馆志愿者全国范围的统一管理；国际化要求中国的志愿者不仅要组成国际化，还要实现长期有效的国际交流。

（3）沟通诉求的平台

博物馆提倡公众参与，但是不能要求每一个公众都成为博物馆志愿者，更不能邀请所有的公众都参与到博物馆的管理决策中来。更多的情况是，公众向博物馆提出各自的意见、建议和诉求，这是公众参与博物馆最为方便快捷的方式，也是大多数公众所采取的主要途径。因此，博物馆在建设以上两个平台的同时，更要花大力气搭建起博物馆与公众之间的沟通诉求平台。这一平台应当遵循以下几个原则：

1）零门槛。不能为公众诉求设置各种各样有形无形的门槛，确保公众能够零门槛诉求。

2）多途径。最大限度地设置诉求的多种途径，确保公众能够最为方便快捷地发表诉求。

3）及时反馈。公众表达诉求后希望听到反馈，而不是长时间的等待，甚至石沉大海。因此，博物馆应当建立起合理的反馈机制，及时向公众反馈。

关于沟通诉求平台建设，目前国内基本上都采取了观众调查、意见簿以及微博微信等几种方式，但在实际操作中不免流于形式。以观众调查为例：

在美国，博物馆非常重视开展观众研究，他们运用市场调查和市场营销的方法，细致地了解谁会来博物馆，为什么会来参观博物馆，分析在博物馆所处的社区中，哪些人可能来参加博物馆的活动；他们感兴趣的是什么？他们在博物馆的参观是否有意义？他们都获得了哪些博物馆参观体验？其过程包含通过问卷调查、现场录音访谈、观众行为观察、数据系统分析（SPSS）、撰写评估报告等多个步骤和手段，涉及定性、定量等多种分析方法，具有很强的专业性和学术含量。而在国内，往往有教育部承担的观众调查，手段简单，评估分析不专业，调查结果随意且未真正起到指导工作的作用。这就需要认真总结、反思，让观众调查这一公众参与博物馆的前提和基础落到实处，真正发挥其作用。

4.拓展公众参与博物馆的多种途径

公众参与博物馆可以说是多种多样且繁琐细致，牵涉博物馆内部管理、活动策划、参与及评估，展览前期调研、中期策划、后期评估，文物征集、保护及管理，等等。同时，每一个博物馆都有其自身的实际情况，不同类型的博物馆、不同主题的博物馆公众参与的途径不尽相同，因此，博物馆应当根据自身实际，围绕三大平台拓展公众参与途径。下面就宁波博物馆在做的几个例子，以供参考。

（1）"展览由您定"

"展览由您定"是宁波博物馆基于诉求平台拓展的一个途径。自2008年开馆以来，宁波博物馆每年不断推出国宝展、唐伯虎画展、青铜器展、青瓷展、恐龙化石展等各类高档次的精品特展。期间，宁波博物馆发现一个比较突出的问题，即有些展览展品档次高、内容丰富，但参观人数比较少，典型的"叫好不叫座"；而有些展览展品层次不高，也没有国宝级的展品，但参观人数非常多。通过观众调查发现，博物馆提供的展览与观众的需求之间存在着一定程度的偏差，或者说，博物馆在提供展览的时候并未从公众的需求出发，博物馆不了解公众的需求。针对这一情况，宁波博物馆自2012年12月开始，推出了"展览由您定"活动。活动以调查问卷的方式获取公众对宁波博物馆展览的需求，问卷涉及展览的内容、展品的类型、展览的时间跨度、展览的配套活动等多个方面。自活动推出以来，受到了社会的积极响应，许多观众都积极参与到问卷调查中来，并且提出了许多宝贵的意见和建议。一位观众在问卷中写道："一直以来，只能是博物馆有什么展览，我看什么展览。通过这个问卷，现在是博物馆问我想看什么展览然后提供什么展览。"

2013年，宁波博物馆收集问卷10万余份，也由此对观众的需求有了比较全面的了解和掌握。2013年年底，宁波博物馆在制定下一年度展览计划时把公众的需求放在了首要的位置，强调首先必须满足公众的需求。"展览由您定"活动将是宁波博物馆今后一项的长期工作，也是宁波博物馆制定展览计划的首要依据。

（2）宁波博物馆志愿者

宁波博物馆自开馆以来一直把志愿者作为博物馆重点工作来抓，形成了独具宁波博物馆特色的博物馆志愿者文化。以"科学化、社会化、社会化、数字化、国际化"理念为指导，宁波博物馆逐步建立了志愿者招募体系以确保来源的常态化，建立了定制化培训体系以确保每一位志愿者的定向化发展，建立了多元化岗位体系以实现志愿者资源的合理有效利用，建立了多样化奖惩体系以调动志愿者的积极性和主动性。通过这一系列管理制度，经过多年的发展，目前志愿者队伍业已成为宁波博物馆公共服务体系的一个重要组成部分。先后有820余名社会志愿者和1380名高校志愿者在馆内注册服务，工作岗位涵盖后勤保障、前台服务、讲解接待、联络宣传、展览设计、活动组织等多个领域。

（3）"海上丝绸之路"研究中心

宁波博物馆是一个全新的博物馆，年青有优势，没有负担和包袱，没有既定的条条框框的约束，但也有不可忽视的缺点和短板。其中，人才的缺乏，特别是研究型人才的缺乏，是宁波博物馆发展过程中亟待解决的主要问题之一。针对这一情况，宁波博物馆提出"大资源观"理念，强调充分利用全社会的资源，以柔性引进、机构合作等多种方式建立覆盖全球的"人才智库"。

2012年，宁波博物馆与中国社会科学院历史研究所合作共建了"海上丝绸之路"研究中心。这是国内首家由地方博物馆与中国社会科学院权威学术机构在"海上丝绸之路"研究领域的重要学术平台。该中心的成立，不仅极大地提升了宁波博物馆的学术研究水平，也有效地整合了国内"海上丝绸之路"资源，形成了我国"海上丝绸之路"学术研究、保护申遗、展览展示全方位一体化的综合平台。成立以来，研究中心出版了《中国"海上丝绸之路"研究百年回顾》和《20世纪中国"海上丝绸之路"研究集萃》两本学术论著，推出了全球首个关于"海上丝绸之路"的综合性展览——"跨越海洋——中国'海上丝绸之路'九城市文化遗产精品联展"……可以说，"海上丝绸之路"研究中心是宁波博物馆专家型公众参与的重要案例。

公众参与是博物馆体现其核心价值、体现其社会责任的要义所在，也是今后博物馆发展的方向和趋势。我国博物馆目前已经跨越了公众与博物馆关系的第一层次，即公众参观博物馆，正处在公众参与博物馆这一第二层次，本文提出的"一个观念，二个方向，三个平台，多种途径"，希望能够对博物馆与公众关系良性发展有所补益，进而使博物馆真正成为公众的一种生活方式。

（作者单位：宁波博物馆）

物联网技术在博物馆安全防范工作中的应用

於 照

一 引 言

物联网是继计算机、互联网与移动通信网之后的又一次信息产业浪潮，是一种在互联网基础上延伸和扩展的全新网络。物联网是在计算机互联网的基础上，利用射频识别（RFID）、无线数据通信、全球定位系统等技术，构造一个覆盖世界上万事万物的"Internet Of Things"。在这个网络中，物品能够彼此进行"交流"，而无需人的干预。其实质是利用射频自动识别（RFID）技术，能使计算机互联网实现物品的自动识别和信息的互联与共享。

物联网具有三个主要特征：全面感知，可靠传递，智能处理。全面感知指的是利用RFID、传感器、二维码等随时随地获取物体的信息。可靠传递，通过各种电信网络与互联网的融合，将物体的信息实时准确地传递出去。智能处理，利用云计算，模糊识别等各种智能计算技术，对海量的数据和信息进行分析和处理，对物体实现智能化的控制。

二 背 景

2010年3月5日，国务院总理温家宝在十一届人大三次会议上作政府工作报告时指出，要加快物联网的研发应用，加大对战略性新兴产业的投入和政府支持。这是物联网首次被写进政府工作报告，意味着物联网的发展进入了国家层面的视野，提升到了国家战略。2012年11月22日，由国家文物局、中国科学院主办，中国科学院上海高等研究院承办的

"智慧博物馆——第二届文物保护领域物联网应用与发展研讨会暨文物保护领域物联网建设技术创新联盟"成立大会在上海召开。这标志着由国家文物局主导建设的物联网技术应用与建设发展创新平台，为加快推进文物保护领域物联网技术的应用提供了重要契机。

目前，物联网技术已经广泛应用到国防、科研、交通、安防系统、环境监测、智慧博物馆等领域，因其广阔的应用前景而受到全球广泛重视。就文博系统而言，有了物联网技术的支撑和应用，博物馆安全防范工作就有了一种新方法、新举措和新途径。作为博物馆安全保卫部门，我们要积极学习利用现代化科学技术，不断完善和建立一套切实有效的安全防范系统来保障博物馆的安全。

三　物联网技术在博物馆的应用

目前我国有3000多家博物馆，博物馆数量呈井喷态势，安全问题成为摆在博物馆管理者面前的首要问题。如何运用现代科技手段来提高博物馆安全防范水平，建立设计合理、功能完善、稳定可靠的安全防范系统是非常必要的。而基于物联网的一体化安全防范技术作为一项先进技术，已经逐步应用于博物馆安全防范工作中。在不久的将来，随着物联网技术的地位和作用越来越重要，必将带来安全防范技术新的革命。

1. 安全防范管理

基于物联网技术的安全防范系统从基本功能上应包括防盗报警系统、电视监控与图像复核系统、音频跟随与声音复核系统、出入口控制系统、数字图像记录系统、智能视频分析报警系统、电子巡更系统、电源保障系统、内部通讯系统、停车场管理系统等组成部分。系统构成主要由前端采集设备、无线传输以及监控中心组成。系统中每个监控点采集到的视频信号经过无线网络传输至监控中心，由后台监控中心作出统一的指挥调度。

（1）前端采集设备。由摄像机、电源、无线发射器等构成。根据每个监控点的具体情况，安装相应的监控摄像机进行前端信息采集（彩色或黑白摄像机、固定或活动云台、定焦或变焦镜头）。

（2）无线传输。使用无线传输网络，可以将监控点的现场视频信息通过无线通讯手段传送到监控中心。采用数字视频信号，能够保证视频流的稳定持续传输。

（3）监控中心。监控中心负责接收各监控点通过无线接入点AP传输过来的视频信息。监控中心可以通过监视平台显示各现场监控点的图像信息，也可在通过电视墙进行图像的实时监控，并进行数码录像，控制信号的协调，视频数据可同时存入存储服务器，进行录像的存储、检索、回放、备份、恢复等。监控人员可以通过计算机访问存储服务器查询回放视频录像。

随着博物馆安全防范技术的不断提高，传统安防系统在布线、功能、可靠性以及维护等方面的问题越来越明显，主要存在以下问题：

（1）需在土建施工阶段建筑物内提前预埋管线，每个安防子系统均采用专线、总线制等方式，对线路铺设、抗干扰能力、线路隔离技术要求高，存在布线困难、施工不便、施工周期长等问题。而且后期改造工程量大，设备维护人员难以梳理识别每个安防子系统的线路。

（2）安防子系统功能相对独立，难以发挥整体效应，缺少有效的联动机制。例如，当防盗报警子系统检测到有火灾时，是否会联动门禁子系统，自动打开所有防火门。或者当某一处位置的报警探测器发生报警，系统是否可以马上锁定周围的监控区域，从各个角度封锁犯罪分子的逃跑路线，并同时联动110报警系统。传统的安防系统往往很难建立起这种联动机制，否则可以更加快速、准确地处理各类应急突发事件，确保文物的安全。

（3）传统安防系统往往被动防御，难以主动提前预防。传统安防系统主要以视频监控为主，通过值机人员查看监控平台上的图像来发现突发事件，这对系统和值机人员的要求较高。一方面，值机人员不可能长时间盯着屏幕，而且容易出现疲劳状态。另一方面，随着博物馆建设规模越来越大，相应监控布点数量越来越多，不可能将所有的监控点情况同时显示在屏幕上。这些条件都制约着传统安防系统难以改变被动防御的地位，变被动为主动预防。

而基于物联网技术的安全防范系统则综合运用多种安全防范技术，实现多种安全防范技术体系之间的信息共享，多系统联动，以满足博物馆对于安全防范更高层次的需求。整个系统布线不受建筑物本身的限制，不用破坏建筑结构和内部装饰，可以按需求接入各种无线传感器，具有无须布线、架设方便、运行、维护成本低、周期短等特点。系统中的每个传感器都是一个智能化的节点，具有信息采集、数据处理和通信三方面的功能。它不仅本身具有智能处理数据的功能，而且可以智能联动其他安防子系统。例如，当探测器节点检测到报警信号后，首先是节点本身数据处理模块对该信号进行判断，判断是否符合非法入侵的信号特征，同时使通信模块与视频监控节点联动，由摄像机采样报警部位的图像，然后对其进行智能图像分析，进一步确认是否满足非法入侵图像特征，最后决定是否报警。这样就可以有效减少或防止误报的产生。而且，系统中的无线传感器网络各节点地位平等，可以协调彼此的

行为，自动通过无线ZIGBEE实现组网传输。它们之间各节点的通信是利用中间节点的转发，形成网络的多跳路由，而不是由专用的路由设备完成。因此，即使个别节点出现故障，其他节点的通信仍然可以彼此依靠维持，从而有效提高了网络的可靠性。

2. 消防系统管理

消防系统可分为火灾自动报警系统和消防灭火及联动系统，主要设备设施由消防水池、消防喷淋、消防水泵、烟感温感探测器、安全疏散标志、防火门等。消防设施的好坏，对扑灭初期火灾有着十分重要的作用。

如何确保这些消防设施处于良好运行状态，目前常规做法是利用消防安全户籍化管理进行每日巡查与重点检查、常规检查和专项检查相结合，但这些行为都是人的个体行为，难免予以疏漏，而借助于物联网技术，我们完全可以实现消防管理的全天候动态智能监控。比如在消防水池、灭火水源等重要位置安装液位传感器，利用微小的金属膜应变传感技术来测量液体的液位、界位或密度，并把这些信息发送至消控中心服务器。管理员就可以通过电脑终端、移动手机等设备实时查询消防水源的状态、压力等数据，实现消防水源在线实时监控。对于消防喷淋系统，我们可采取在消防管网中安装感应芯片可以测出喷淋装置的压力，从而判断管网内是否有水及水的压力。对于消防水泵，可以在消防泵开关阀上安装电磁感应芯片，远程监控消防泵的开闭状态。对于烟感、温感探测器，通过在烟感和温感末端安装无线通信芯片可以将烟感和温感的正常或报警状态传输到消控中心，消控中心值机人员可以随时掌握烟感和温感的状态。对于消防疏散通道，我们可以借助于智能视频监控技术，通过视频分析处理系统，实时分析前端摄像头拍摄的范围内或者

在指定区域内，消防疏散通道是否有堵塞和占用现象。当存在安全隐患时，智能视频监控平台就会及时收到报警信息。

3. 文物藏品管理

射频识别系统一般由读写器、电子标签和天线三部分组成。电子标签存储着被识别文物藏品的相关信息，每个标签内都有唯一的电子编码，一个电子标签就是一个身份识别。只要给文物贴上电子标签，文物就有了唯一的身份证。基于无线射频识别（RFID）技术的文物管理系统，具有文物身份证、鉴定防伪、文物检索、文物跟踪、门禁控制、移动识别等作用。它可实现对文物藏品的在线跟踪监测，假如文物藏品移动到一定距离范围之外就能够自动触发报警，从而实现对文物藏品的智能化防盗和保护。

4. 文物移动管理

随着博物馆馆际之间交流日益频繁，文物外展也越来越多。文物在移动过程中的安全问题也成为管理难点。借助物联网技术和全球定位（GPS）技术，便可以随时对押运车辆和车厢内文物状态进行全程智能视频监控，实时掌握押运车辆的位置信息和行驶轨迹。车辆一旦偏离设定的运输路线，或者车厢内文物非法移动，都会随时报警，把信息反馈到相关人员手中，从而采取相应应急措施来确保文物的安全。

四 小 结

本文论述的基于物联网安全防范技术体系是未来安全防范技术发展的必然趋势，目前已经具备了在博物馆安全防范领域应用的条件。随着物联网技术的快速发展，给安全防范技术系统的建设带来了崭新的思路和内容。相信在不久的将来，物联网技术必将引起安全防范技术的变革，将物联网关键技术与安全防范技术相结合，一定会有良好的发展空间和广阔的应用前景。

参考书目

种艳、董运涛：《物联网在智能建筑安全防范系统中的应用》，《物联网技术》2011年第4期。

凌云：《物联网技术及应用》，浙江人民出版社，2012年。

欧阳劲松：《物联网在文化遗产保护领域应用的关键—测控技术》，《文物保护与考古科学》第23卷第3期。

谭建平、柔卫国、余敏、胡钟宇、冯学华：《基于物联网的一体化安全防范技术体系研究》，《湖南理工学院学报》2011年第24卷第4期。

温家宝：《十一届人大三次会议政府工作报告》，2010年。

辛瑞、王笑梅：《基于RFID技术的博物馆文物管理系统研究》，《计算机与数字工程》2012年第3期。

（作者单位：宁波博物馆）

关于博物馆志愿者团队建设的若干思考

李潇洁

2012年，中国博物馆协会志愿者专业委员会在广西南宁举行年会。会上，中国博物馆协会志愿者专业委员会前瞻性地提出了志愿者工作"五化"的发展思路，即发展方式科学化、志愿队伍构成社会化、志愿组织多元化、志愿者管理平台数字化、志愿者交流国际化，并要求各地以此来创新、整合、提升专委会的志愿者工作。这一思路得到全国各博物馆与会代表的热烈响应与认可。

近年来，随着我国文博事业的发展，博物馆志愿者工作呈现出良好的态势。此外，不少博物馆自觉借鉴其他国家的先进理念与成功做法，使我国博物馆志愿者工作开始迈向国际化。而几次国际博物馆志愿者论坛的成功举办，以及与世界博物馆志愿联盟的常态化合作交流，不仅提高了我国博物馆志愿者工作的水平，更让外界了解了全球志愿者事业中的中国元素和精神。

然而应该看到，目前我国博物馆志愿者工作还存在着管理不够规范、机制不够健全、岗位相对单一、人员培训流于形式等问题。而"五化"概念的提出，对于明确中国博物馆志愿者发展起到了很好的引领作用。

一 科 学 化

博物馆志愿者工作的科学化是要建立一个可持续发展的科学化管理体系。博物馆志愿者（Museum Volunteer）通常是指根据博物馆的实际需要，自愿参加博物馆的一项或几项工作，无偿为博物馆提供服务，并使自身某方面的价值得以实现的社会个体或群体[1]。目前中国志愿者工作的现状是可参与非专业性岗位的志愿者较多，专业岗位志愿者较少；短期参与的志愿者较多，长期参与的志愿者较少；志愿者的流失量非常大。博物馆需要建立起一套集招募、培训、管理、激励四位一体的可持续发展科学化管理体系，以指导志愿者工作的长远发展。

博物馆需要先确立招募体系，通过实际工作中提取的统计数据来决定每年招募多少基础志愿者、多少专业志愿者，要吸引哪方面的专家志愿者。数据的提取应由实际参与各项工作的博物馆工作人员和核心志愿者共同配合完成。博物馆根据数据在招募过程中提出明确可行的要求，以确保每年各类各层次志愿者的数量，满足博物馆志愿者团队可持续发展的初期数量要求。

一个志愿者进入博物馆志愿者团队后，需要至少3个月至半年的实习期。这一时期是志愿者与博物馆相互了解、相互适应的阶段。博物馆应该通过建立完整的培训体系，来安排包括基础培训、专业培训等在内的一系列培训课程。而对于专家志愿者，则需要由工作人员与专家共同协商，寻求双方都满意的合作方式。

一个稳定可行的管理体系对博物馆志愿者团队的科学化发展有着极强的促进作用。志愿者本是一个松散的组织，要提高凝聚力就应该明确了解志愿者要什么，核心志愿者要什么，专业志愿者要什么，以及博物馆要从志愿者那里得到什么。而要了解这些信息，就需要建立由博物馆工作人员主持的自治化志愿者管理体系。该管理体系有助于博物馆在第一时间真实了解各个层面志愿者的要求。在工作人员的主持下，博物馆与志愿者双方的要求能够明确、可理解地互通互达，最终获得一个双方都认可的、稳定可行的管理体系和管理方式。如宁波博物馆在

创立《志愿者五周年年刊》时，就充分发挥了志愿者的自主性，由志愿者组成一个创刊编辑部，在博物馆工作人员的指导下，这本刊物充分阐述了宁波博物馆志愿者的思想和心境，成为国内少数几个有志愿者主导的博物馆志愿者刊物。

对很多志愿者来说，到博物馆进行志愿服务其实并不计较什么回报。但对博物馆而言，就必须建立起合理的激励体制，搭建起更好的平台，为志愿者做好后勤保障、团队激励等服务，让志愿者感受到肯定和尊重，得到认可，实现自身价值。2013年宁波博物馆推出了"志愿者万里行"活动，组织优秀志愿者到全国各大博物馆进行学习交流。通过这个活动，宁博志愿者成员之间的凝聚力进一步加强，志愿者也感受到了博物馆对她们工作的认可。用一位志愿者的原话来说："这样像家庭一样的团队，怎么会再舍得离开呢？"。这也使得2013年宁波博物馆志愿者的流失率由2012年的67.43%降低到42.17%。

二 社 会 化

博物馆在招募志愿者过程中，应充分考虑吸收各行各业的志愿者。对博物馆来说，多种专业的志愿者可以参与到博物馆工作的各个层面；而通过大量数据来确定实际需要的各专业志愿者人数和专业种类，可以做到对志愿者资源的合理利用，避免资源的浪费或挫伤、打击志愿者的积极性。

通常而言，博物馆所需志愿者种类包括基础服务性志愿者、基础专业性志愿者、专业性志愿者、专家级志愿者（博物馆之友）等几大类。基础服务性志愿者需要有一定的学习能力和体力，可参与票务、引导、租借、维持秩序等博物馆各项基础服务岗位。此类志愿者需要培训学习的内容较少，适合

的人员数量较多。基础专业性志愿者需要较强的学习能力，可参与讲解、活动组织和开展、安全护卫等博物馆各项基础专业岗位。此类志愿者培训学习的内容较多，要有较强的记忆力和现场处理能力。专业性志愿者需要原本就具有一定的专业能力，可参与展览设计、文物整理编册等博物馆各项专业工作。此类志愿者本身需要具有不弱于博物馆专业工作人员的业务能力，无需进行再培训，可直接与工作人员配合参与实际工作。而对于博物馆中的文物保护研究等特殊岗位，则需要专家级志愿者（博物馆之友）等社会专家的帮助。如2012年宁波博物馆举办的"海上丝绸之路"临展上，宁波大学浙东文化与海外华人研究院院长龚缨晏教授作为专家志愿者，为广大观众提供文物讲解、讲座等，还积极投身博物馆宣传工作，在《宁波日报》上发表40多篇展览专题专栏文章，获得了不小的社会反响。

要实现志愿者工作普及化的目标，任何博物馆都不可能一蹴而就，必定会经历不同的发展阶段。在初期发展阶段，博物馆要拥有一定基数的志愿者来参与基础服务性工作。这时期的重点是挑选能真正为博物馆提供帮助的核心志愿者，在短时间内代替工作人员进行基础服务性工作。到了中期发展阶段，博物馆拥有了一定数量的基础专业性志愿者，每项基础专业性岗位至少有5到10位的核心志愿者。这时博物馆应将其组成小组，对组内志愿者进行"定时、定点、定岗"的"三定"管理；每年招募时可根据小组志愿者负责人的建议招募专项志愿者，达到可持续发展的目标。最终发展阶段，博物馆拥有一定数量的专家学者型志愿者，且有一套志愿者参与核心工作的合理可行方法与规章。志愿者可以参与到文物研究保护、展览设计等博物馆高层次核心工作中。

三 多 元 化

对志愿者来说，报名参加博物馆志愿者团队是为了为社会做一些公益性工作。只有充分发挥每一个志愿者的特点，将其放在最合适的岗位上，才能挖掘志愿者的最大潜力。当博物馆拥有各种类型各种专业的志愿者后，就应该建立起一个多元化的岗位体系，合理、有效地利用好这些人力资源。

多元化岗位体系建立不是一蹴而就的，同样需要一个循序渐进的过程。

在初期阶段，志愿者可主要参与基础服务性岗位，直到有一定数量的核心志愿者出现。博物馆应明确所有志愿者可参与的岗位，对这些岗位的每一项具体工作内容都要有详细的文字表述，提出达到多元化目标要求的实际参考数据，并在实践中逐步完善数据的提取。

到了中期阶段，负责各项具体工作的博物馆人员可带领由核心志愿者领导的专业化志愿者团队参与各项专业化工作。在工作过程中，工作人员需要定期与团队所有志愿者进行交流，商讨解决工作中遇到的各项实际问题；同时调节志愿者人员结构和任务分配，引导团队向博物馆订立的目标前进。这阶段，工作人员和志愿者的配合尤其重要，最理想的状态是工作人员了解团队每一个志愿者的情况，从而合理地安排岗位。如宁波博物馆的"宁波文化志愿宣讲团"就开创了一个全新的博物馆志愿服务岗位。此宣讲团由宁波博物馆的志愿者组成，现有《越窑青瓷》《宁波城市建造史》《河姆渡文化》《宁波海上丝绸之路》等多个讲座，宣讲团曾多次入校园、入社区宣扬宁波乡土历史文化。为了更好地开展宣讲团工作，工作人员和宣讲团的志愿者每月都要进行月度培训，解答在志愿宣讲中遇到的问题和进行团队宣讲演习，从而使宣讲团时刻处于准备好的状态，随时可以提供文化服务。

到了最终阶段，核心和专家志愿者可以深入到博物馆所有岗位参与工作。最理想状态下，博物馆每一个岗位都有志愿者小组进行协助工作，甚至有些岗位可以完全脱离工作人员，而由志愿者主导。

四 数 字 化

在现在这个数字化的网络时代，博物馆只有建立数字化信息传播体系和档案管理体系，才能更加有效地实现志愿者工作的社会化、科学化、多元化和国际化。为了充分发挥信息时代媒体作用，及时传递信息、共享资源、共谋发展，博物馆可通过网站、微博、微信等数字化网络传播工具，打造传播体系，创建数字化刊物，将志愿者工作的各项内容传播到世界各个角落。同时，博物馆应对志愿者的工作建立档案管理系统，将每位志愿者进行编号，建立个人数字化档案，既可以快速查找到志愿者相关服务信息，也体现了对志愿者的尊重，满足志愿者为博物馆提供服务后希望得到社会承认和证明的愿望。

五 国 际 化

博物馆志愿者工作的国际化可以分为三个方面：一是志愿者可以提供国际化的服务，二是博物馆拥有国际化的交流，三是合理安排外籍志愿者的工作。

如今，每年都有大量国际游客来博物馆参观。由于他们缺乏对中国历史文化知识的认识，很大程度上影响了参观效果。加之博物馆工作人员资源有限，无法为每一位国际游客提供相应的语言解说服务。这就需要博物馆建立志愿者国际化服务体系，

成立一支会多种语言的志愿者讲解团队，以满足国际游客的需求——鉴于对团队的要求会非常高，博物馆可先建立几种国际上比较通用语言的团队，再进一步建立小语言团队。宁波博物馆的多语言志愿者团队主要由宁波诺丁汉大学的学生志愿者组成，她们多次在国际接待交流中参与翻译、讲解等志愿服务。

国际上的博物馆志愿者工作有非常多可值得学习、借鉴之处，所以建立一个稳定的国际交流平台和体系对博物馆来说非常重要。国际交流不仅可以提升博物馆志愿者的水平，宣传博物馆的志愿者工作，还可以借机开拓引进外展、送展出国门等博物馆其他方面工作的国际化。

对于外籍志愿者工作安排是一项全新的具有挑战性的项目。现在国内有越来越多的外籍人士定居，其中有许多希望从事志愿服务，但是由于语言问题，通常无法如愿。要将外籍志愿者安排到一个合理可行的岗位上，我们首先要对该志愿者有深刻的了解，然后在现有的志愿岗位中选取合适该志愿者的岗位。如宁波博物馆的德国籍志愿者Aynur，Aynur是一位设计师，会一些简单的中文，非常希望能在宁波博物馆参与志愿工作，但是由于语言问题，无法参与讲解或服务类工作。2013年，宁波博物馆要出版《宁波博物馆志愿者五周年年刊》，Aynur以志愿者身份为年刊进行设计，成为年刊的总设计师，实现了她的宁博志愿梦。由此可见，为外籍志愿者安排合适他们的岗位，同样可以将他们吸引到我们的志愿者团队里面来。

作为社会公众与博物馆之间的沟通纽带与桥梁，尽管我国的博物馆志愿者工作取得了一定的进展，但与发达国家相比还存在很大差距。志愿者工作从本质上来说，是促进、推动文明发展，有益于社会进步的公益事业的。要了解一个城市的文明程

度，不仅要看高楼大厦等硬件设施，更要看从事志愿者工作的人群数量。"五化"发展思路的提出，无疑将会为我国博物馆志愿者工作今后的发展起到指导性的作用。

（作者单位：宁波博物馆）

注　释

［1］张巍：《博物馆志愿者与未成年人教育》，《中国文物报》2006年9月20日。

文化遗产传承与文化创意产品开发

徐爱军

一 文化遗产"活起来"必须开发文化创意产品

习近平在中央政治局第十二次集体学习时指出："要系统梳理传统文化资源，让收藏在禁宫里的文物、陈列在广阔大地上的遗产、书写在古籍里的文字都活起来。"

提起文化遗产，人们总会想到玻璃柜里的文物、栏杆围起来的古迹。它们不但是死的，而且是一般人不可触摸的。如何让这些文化遗产"起死回生"，走进当下现实生活，让人们玩，让人们用，让人们吃呢？这是时代的呼唤。文化创意产品开发可以让文化遗产活起来，并且非常有助于文化遗产的保护与传承。

文化遗产之所以被称为遗产，往往有以下几个特点：首先，它是一种文化。但是，所谓"仓廪实而知礼节"，在中国社会、生活压力越来越大的当下，个体往往不得不注重物质生活而忽略文化精神生活，这无形中导致文化的不断缺位；其次，它是一种遗产，已经远离或者正在逐渐远离当下的日常生活，且由于当下信息极大丰富、创新节奏不断加快以及追求个性化等诸多因素使得这一远离的速度变得越来越快，文化遗产不断称为只可远观不可近玩得高雅。正是这些因素导致文化遗产的保护难度越来越大，文化遗产的传承越来越窄。而要改变这一现状，除了加大投入、扩大宣传、夯实研究等几个必要的方面以外，开发相关的文化创意产品则是一个比较重要的方面。

文化创意产品可以实现：文化与物质的结合，

将中国传统文化融入到物质产品中，让物质产品承载文化遗产，让文化遗产借助物质产品重新展现其独特的魅力；过去与当下的结合，把逐渐逝去和已经逝去的传统、文化纳入当下，并有效地与当下有机融合，让社会在当下中回味、品味过去与传统；阳春白雪与下里巴人的结合，把日常观念中高高在上的文化遗产融入到个体的日常生活中，让文化遗产及其相关元素成为日常生活的一种不可或缺的点缀，让个体在日常生活中不断接触、了解、认知文化遗产及其所具有的魅力和内涵，在潜移默化中提升文化遗产的保护意识，在兴趣的指引下实现文化遗产的传承。

二 研究与创意：文化创意产品腾飞的双翅

在国内，文化创意产品出现时间已经比较长了，各博物馆推出的与古代艺术品相关的衍生品，实际上是一种纪念品性质的衍生品。"我们的博物馆商店大多还停留在经营旅游纪念品的层面，由于缺少创意研发能力，提供给观众的文化产品品类单调，缺乏特色，销售情况自然不会理想。"国外的衍生品因为起步早，已经形成相对成熟的体系，大都会、卢浮宫等所有大的美术馆或博物馆，都有专门的衍生品发展的部门，制作一些衍生的明信片、纪念品，也包括高端的复制品。

1. 研究——文化创意产品开发的基础

所谓的研究是基础，主要包括两个方面：首先是对文化遗产的研究，需要对文化遗产进行全方位深入透彻的研究，只有在文物、遗存遗迹、非物质文化等学术研究的基础上，才能将文化遗产中的精髓、代表性元素等可用于文化创意产品开发的内容提炼出来，同时也有助于避免盲目的、不科学的开发，避免优秀的文化遗产被滥用，避免错误地使用

文化遗产元素而导致的文化遗产异化传播以及最终伤害原本已经非常脆弱的文化遗产；其次是对消费者的研究。文化创意产品最终是一种商品，它需要被消费，也必然有其购买的对象。因此，必须要对消费者有比较深入的了解，调查、研究消费者的购买场所、购买习惯、购买目的、购买喜好等，并针对这些因素设计开发有针对性的文化创意产品。只有这样，才能避免盲目开发以及自娱自乐型的开发。

比如：苏州博物馆独具匠心将镇馆之宝越窑秘色瓷莲花碗做成了抹茶味曲奇饼干，可谓形神兼备，色香俱全。将千年文物融入日常美食，开启了"舌尖上的国宝"的大门。这是在深入研究了文物文化元素与地域美食结合的基础上，取得的成功。

图一　秘色瓷莲花碗曲奇（苏州博物馆）

2. 设计：文化创意产品开发的亮点

所谓设计是亮点，就是在完全、透彻认知文化遗产的基础上将文化遗产的元素进行再加工，并在保留核心文化内涵的前提下将这些元素有机地融入到创意产品中。而这其中，设计成为核心和关键，

既蕴含文化遗产最本质的内涵，又要融合当下的审美情趣和设计理念，既要具有文化性、审美性和独特性，又要兼具实用性、可贴近性，应该注重创意与实用性的结合，向社会生活领域渗透，融入人们衣食住行的各个方面。在设计时必须考虑两大实用价值：在文化效益上，要达到传承传统文化的目的；在经济效益上，要达到发展文化产业的目的。

无论是哪种方式，成功的关键都在于创意研发环节。有调查显示：70%以上的参观者愿意购买具有实用性的文化创意产品，而希望购买观赏陈设类的观众不足20%。

图二　朝珠耳机（北京故宫博物院）

比如：近日，故宫设计的一款"入耳式"朝珠耳机一夜间成了被热捧的"爆款"潮品。据故宫淘宝相关页面介绍，朝珠是清代朝服上佩戴的珠串，形状与和尚胸前挂的念珠相似，是地位和身份的标志之一。朝珠耳机的创意则是将这一清代宫廷特有

的物品与现代时尚产品相结合，材料为仿蜜蜡，佩戴时外观为整圈朝珠，肩部两侧延伸出入耳式耳机，底部为插口接头，体现复古、时尚、实用的特点。网友调侃这款耳机是"南红加鸡油黄老蜡，老佛爷亲盘百年包浆，轻松拥有皇家姿仪，戴上这耳机享受路人朝圣目光。"还有网友附和，当耳机遇上朝珠，就是这种感觉，"戴上耳机听歌写东西的时候，简直像是批奏折，超酷炫!"

三　走出文化创意开发的误区

无论是物质文化遗产还是非物质文化遗产，其本质都在于精神特质而不是物质或者形式。文化遗产的外形是历史环境遗存特点最直观的反映，是文化遗存得以存续的基本条件。而文化遗产的精神特质是文化遗产的核心层，形成于历史环境之中，并通过文化遗产的外形体现出来，它也是一定历史环境中的文化特质的提炼和提升，是各种生动而具体的传承载体中内含的活动"灵魂"。由此可以看出文化遗产是民族生命力和精神依托，具有传承民族精神的重要价值和作用。

近年来文化遗产的保护与开发，已经成为社会各界关注的热门话题。这种热情有其独特的时空背景和历史必然性，是一脉相承自20世纪80年代以来的文化热，是这一文化热的继续、扩展和深入，许多研究成果运用于指导文化遗产的保护与开发实践，且取得了一定成效。但是也应看到，在文化遗产的保护与开发中各种盲目、无序、混乱的行为和现象依然存在，而出现这种偏差和失误的原因是缺乏对文化遗产内涵和价值的准确判断和认识，也就是说没有理解文化遗产的本质是什么、我们应该继承文化遗产的什么、我们应该怎样继承文化遗产等之类的本质性问题。

目前，随着国家对文化产业的重视，随着对博物馆文化产业和文化创意产品开发的重视，越来越多的博物馆等文化机构将文化创意产品的开发、设计、制作当做未来发展的重要方向之一，也有越来越大的公司和企业参与到这一领域中来。但是，由于缺乏学术研究支撑、利益驱动等多种因素导致文化创意产品走入了一些误区，产生了异化。

首先，文化遗产的过度利用。许多企业与机构不分场合、不分目的地对文化遗产进行利用，很随意地将文化遗产及其相关元素运用到各个商品中，使得文化遗产被过度开发和过度利用。这样的过度利用不仅不利于文化遗产的保护和研究，反而导致文化遗产因过度利用而被社会所反感，最终所摒弃。

其次，不加区别地利用文化遗产。文化遗产有先进的文化，也有糟粕。先进的文化需要弘扬传承，而糟粕的文化必须作为反面教材。但是，也有机构和企业因为利益的驱使，不分好坏，甚至为了追求眼球效应将大量的糟粕拿出来开发文化创意产品，且在一定程度上产生了"劣币驱逐良币"的反效应。这无疑是当下必须要警惕的文化创意产品开发的异化之一。

再次，过度地求新求异。在当下社会，创新的节奏不断加快，追求个性化已经成为经济、文化和社会发展的主要动力之一。这也导致在文化创意产品开发中出现了过度求新求异的现象。为了所谓的"新奇""独特"，文化以及文化遗产的内涵无形中成为一种标签，成为产品中可有可无的附加成分。在一件文化创意产品中，求新求异成为主角，而其上面的文化元素是否重要、其本身是否能够体现文化遗产、文化遗产的内涵是否得到保留以及保留了多少等都变得无关紧要。这也是文化创意产品异化的主要方面之一。

（作者单位：宁波博物馆）

博物馆宣传教育功能的思考

吴　茜

目前，随着市场经济的持续发展，信息的变化将逐步影响着博物馆的宣传教育功能的大小。一个优秀博物馆的文化是社会公众心灵中的精神力量。着力于践行博物馆的藏品文化，是促成博物馆稳定健康发展的强大精神动力。就博物馆自身发展而言，其强大的生命力植根于何处？正是自身构建的特色文化。而宣传教育对于博物馆的发展将有着重要的现实价值。"以人为本，服务社会"的理念影响我们博物馆的发展，在自身宣传教育方面，传统的模式已经不能适应博物馆的发展，在后期的管理中，我们应该着重于博物馆科学文化方面的传承，并逐步地通过宣传教育功能的增强，影响着社会公众对于科学文化知识方面的培养。

一　重视博物宣传教育功能发挥的意义

在当前知识经济时代中，我们的竞争并不再是个人与个人之间的竞争，而是团队与团队之间的竞争、组织与组织之间的竞争，尽管博物馆为非营利机构，但它就好比一台结构复杂的大机器，其中每个组成部分就是不同的零件，只有将每一个零件凝聚成力量，机器才能稳定高效地运作。

十年的博物馆发展更多在于经营管理实效的增强，而百年的发展更多在于其科学文化的宣传教育。作为博物馆的工作者，我们一直在践行着，一个优秀博物馆文化的正能量，体现的是"以人为本，重视教育"，必将实现"创新、进取、务实、卓越"的精神文化。为此，我们必须重视博物馆的后期宣传教育，才能有着更为持久的动力。

作为博物馆工作者，我时刻思考着，并为博物馆的持续发展贡献自身的力量。我们并不缺乏建设博物馆优秀科学文化的信心，因为我们始终相信"共同努力，共同进步，共同发展"，并努力地通过宣传，增强社会公众的意识，并逐步地向他们展示历史文化的足迹。我们始终将自身的历史使命深深融入到博物馆的宣传教育中，并逐步凝聚每一位博物馆成员的力量，"以人为本，重视教育"始终影响着我们，为未来发展之路而奋勇向前。

须知道，一个优秀的博物馆的历史文化，关键在于其精神文化的沉淀。如何进一步地增强博物馆的宣传教育功能，对于未来博物馆的持续发展有着重要的现实价值。博物馆作为历史文化的传承机构之一。它肩负的更多是未来自然科学研究的重要责任。让社会深入地了解我们，走进我们的博物馆，走进区域历史文化，对于发挥博物馆的社会教育功能将是一大进步。

二 博物馆宣传教育功能的改善与发展

1. 重视文化内容宣传，着力转变传统观念

目前，增强社会公众对于博物馆的认知度，让他们更为深入地了解到博物馆内部的科学文化，尤其是科普内容，对于开展博物馆的宣传教育工作有着重要的促进作用。就自身工作的博物馆而言，馆内陈列的均是历史文物，比如说秦朝的兵马俑、战车等。它们均有着重要的研究价值。尽管如此，我们并不能仅仅局限于文物研究学者。须知道，博物馆开放的更多是社会公众，他们对于文物的历史知识较为淡薄，单纯依赖于文物展示、陈列的方式，将难以满足公众的求知需求。在后期的展览中，博物馆应对科普内容宣传教育加以重视，在观众参观

的过程中，我们可尝试对陈列品的标识语改进，比方说"严禁触摸"修改为"请保护我脆弱的身躯"，如此我们在宣传文物科普内容时，可大为增进公众与博物馆工作者的心理距离，让公众为之而动容。须知道，博物馆承载着历史文化的宣传功能，如果不加以发挥，我们将难以维持其持续发展。

更为重要的是，我们可在观众参观的过程中，通过较为特殊的节日，运用现有的资源，着力举办关于中国历史文化的专题展览，比如说，博物馆为纪念南京大屠杀，将较为珍贵的照片公布于众，并通过导读将照片内容与公众详细讲述，让观众留下深刻的印象，并逐步地增强社会公众对社会主义荣辱感。不仅如此，在不拘礼于单一方式的基础上，着力引入有着鲜明特点的本土文化展览，并通过不同地域、不同历史文化特色的历史文物，向社会公众介绍更多的历史文化，着力转变传统的教育观念，让更多的人乐于接受，逐步地增强公众的满意度。

2. 改善宣传教育方式，最优化地整合资源

目前，博物馆作为社会非营利性的机构，其主要是依赖于社会公众的支持。在发挥宣传教育功能方面，我们并不能局限于行政方式，就社会调查而言，要让观众把博物馆读懂看明，除了有出色的陈列内容、陈列方式、陈列艺术外，宣传教育工作是不可缺少的重要手段，它的好坏直接影响着观众对博物馆的满意度。为此，我们必须改善现行的宣传教育方式。

作为博物馆的工作者，我们可运用现有的特色资源，着力构建博物馆的历史文化的体系，重点宣传博物馆文物及其陈列的方式。在考虑到宣传成本的前提下，我们可以借鉴电子商务的模式，通过互联网、报纸等社会媒介加以宣传，比方说，在我馆的宣传教育工作方面，我们不再局限于"请进来"的方式而是以"走出去"的方式开展流动博物馆、

文物宣讲团等活动。学校是博物馆很好的搭建平台，我们跟多家高校建立社会实践基地，今年我们还与宁波市宋诏桥小学开展"社会实践大课堂"活动受到了家长和学生的一致好评。在方法上把灌输与直观融为一体，将丰富多彩的内容进行直观生动的展示，让学生们深刻地感受到中国历史文化的重要性，从而调动更多的学生参观博物馆的主动性。

3. 增强服务公众意识，既要留人更要留心

曾记否，中国的红色经典，依然像一面鲜红的旗帜屹立在我的内心之中，保尔的内心是强大的，没有什么困难能够将他击倒，即使他病卧在床上，全身瘫痪，双目失明，他仍然以惊人的毅力继续创作，他始终坚信着只要他能创造奇迹。他以自身的精神以及斗志征服了人民，征服了世界。宣传教育也是如此，博物馆必须树立一面旗帜，才能真正地屹立在社会公众的内心深处。"以人为本，重视教育"并不是一句空话，它是确实存在的。增强服务公众的意识是尤为关键的。在博物馆中，如何通过简明扼要的语言达到历史文物讲解的效果，对于后期的博物馆发展有着重要的现实价值。因社会公众的层次不同，对于知识接受层面也不尽相同，只有让参观者乐于接受，并铭记于心，才能让他们"享受"着历史文化的洗礼。

"以人为本"，而并非"以物为本"，博物馆重视不仅仅是物，更多的是人。人才是关键影响的因素。为此，在后期的管理中，我们必须重视博物馆服务意识的培养，让公众能够真正接受到教育，并逐步地陶冶身心，增强素质，才是博物馆建立的真正意义。

三 结　语

博物馆的宣传教育功能，必将是一项长期而又艰巨的任务。曾记否，困境是上帝送给你化了妆的祝福。不经历风雨，怎能见彩虹？尽管较为困难，作为博物馆工作者，我们必须结合自身的情况，加以持续改善。

在未来的发展中，我更须持续努力，并逐步地增强自身的核心竞争。"以人为本，重视教育"始终在影响着我们，"使承学之彦，有所参考，有所实验，得以综合古今，搜讨而研论之"将秉承我们的文化，并逐步地影响着我们的未来。在后期的发展中，通过着力地发挥宣传教育功能，博物馆必将更好！

参考书目

宋晓丽：《浅谈新形势下博物馆的发展方向》，《民营科技》，2009年。

（作者单位：宁波博物馆）

明代小书案功能及价值初探

陈春玲

宁波教育博物馆于2015年5月16日开馆。该馆的一楼临展厅展示了慈溪郭永尧先生捐赠的明代小书案一张（图一）。该小书案长75厘米，宽37厘米，高85厘米，造型方正，装饰简洁，是一件典型的明代教学用具。前来参观的游客对此小书案非常好奇，但不知其功能和价值到底在哪里。笔者通过研究和对比，意图从小书案的由来、小书案的功能和价值三方面，提供给参观者一些基本的鉴赏知识。

图一　宁波教育博物馆收藏的明代小书案

一　小书案的由来

家具是人们生活方式的一种反映，在人类文明历史进程中，家具的形成已有数千年之久，它的产生和发展与人们生活方式有着极其密切的关系。人类生活方式的演变促进了家具功能和形态的演进，而家具的功能形态又决定了人们的生活方式和工作方式。

案，源自有足的食盘。所谓"无足曰盘，有足曰案"。在春秋战国时期，人们"席地而坐"，其中设有相应的低矮的漆器或青铜器小案、矮几。当时，几案的形制已多种多样。成语"举案齐眉"里的"案"，当时就是一个托盘，带有四个足，四足是缩进去的，与我们今天所说的书案的"案"，形制上非常接近。

自汉代开始，人们在"席地而坐"的同时出现坐榻的新习惯。四川博物院收藏的传经讲学汉代画像砖就展示了坐榻讲经的一幕。

五代时期，高型家具开始产生，从南唐金陵（今南京）人王齐翰所绘《勘书图》可见当时读书人垂足坐阅的起居方式。但主人只能在书桌的一侧坐下，尽管座椅低矮，但比起半跏趺的坐榻姿势来，人的双腿已得自由舒展。但当时书桌十分矮小，主人双腿根本无法伸到桌面下。

唐代还是高矮型家具错落发展，但是宋代高型家具发展速度就令人叹为观止了，高凳、高椅、高桌、高几、高案、高塌、高架日趋普遍，垂足而坐已成为固定姿势。

宋代建筑主要采用大木梁架式的结构方式，结实稳固的建筑结构使得家具匠人把其应用至家具上，将以前的箱形壶门结构转变为梁柱式的框架结构。

宋代家具种类非常繁多。此外，还大量应用装饰性的线脚，丰富家具的造型。桌面下出现束腰，足面与柱腿连接处出现牙条、罗锅帐、霜王帐等部件。此时各色新型的书架、案桌出现，家具进入了繁荣昌盛时期。

明代中期前后，明式家具出现，文人书房家具得以完善。以苏州为中心的明式书房家具发展到顶峰，并被授予"东方文明代表"的美舆。它高超卓越的制造技艺，科学合理的结构设计，蕴含深邃的文化内涵，被称为人类造物的经典而闻名于世。

从明万历年间到清雍正年间，书桌的形式至少有四平式书桌、束腰书桌、夹樨头素书案、带雕式牙板的画案等4种。宁波教育博物馆收藏的明小书案，便属夹樨头素书案。

二　小书案的功能

明式家具就功能而言大体可分床榻、椅凳、桌案、箱柜、屏风、台架等6个门类。就桌案而言，又可分束腰和不束腰两种。所谓束腰，就是桌面下装一道缩进面沿的线条，而束腰下的牙板仍与面沿垂直。无束腰的桌案，四足直接支撑地面，不论圆腿、方腿，足端一般不作任何装饰，只有个别为减少腿足磨损，在足端套上铜套，既保护四足，又起到相应的装饰效果。

桌与案究竟如何区别？王世襄先生在《明式家具研究》一书中，把腿足在板面四角的称"桌形结体"，把四足不在四角而在缩进一些位置的称为"案形结体"。桌形结体的一般不包括案，而案形结体的，不仅有案，还有桌。

案足有两种做法，一种不直接触地，而是落在托尼上，往往是两腿共享一个长条形木方子，每张案子必须用两个托尼。另一种不用托尼，腿足直接触地。

就案面而言，有两端翘起的翘头案，其无论大小，一般都称为案；它属于供案的形式，大多在寺院和祠堂里使用，它表示对神灵、对祖宗的一种敬畏。衙门里也用供案，这里的供案翘头非常高，非常夸张。它具有威严感，从心理上暗示你、警告你。

"审案子"，原义指在案子面前审理事情，最后简称为审案子。对于文人而言，他们设计出的书案非常温和，有的也有翘头，但无夸张气氛，翘头很小。这类小翘头作用是什么呢？原来，它是作为观赏书画用的。中国书画形式叫手卷，卷起来是一个轴，看的时候要横向打开。你不能趴在地上看，也不能搁在方桌上看，就得在这种翘头案上看。如果在桌子上看，手卷打开时，它的轴很容易滚到桌边，有掉下去撕烂的危险。但你在翘头案上看，轴走到案子两头，就停住了，不会掉下去。翘头的部分既可以产生视觉上的变化，又有实际的功能。

案子如不带翘头的叫平头案，其大的称案，小的称桌。这类小案桌，与同等大小的桌子在使用功能上，没有什么区别。

除了形制上的区别，桌与案更重要差异是精神层面上的——案的等级比桌高。比如我们常说"拍案惊奇""拍案而起""拍案叫绝"，都是比较高级的情绪；如果我们说"拍桌子瞪眼""拍桌子砸板凳"，都是低级的情绪。"拍案惊奇"是惊讶，"拍桌子瞪眼"是愤怒，它表达的情绪不一样，这是它的精神层面。跟"案"相关衍生出来的词汇非常丰富，比如文案、方案、草案、议案，都跟案有关，与桌相对来说无关。

由于案子的陈设功能越来越大，它的实用功能就相对降低；相反，桌子的实用功能越来越大，陈设功能越来越低。所以，桌案从功能上有了区分。

书案是文人书房里特有的家具。如果它的长度超过2米，即使用于写字，也被称为画案。小书案是明代文人所珍爱的家具。明人文震亨在《长物志》一书中记载："堂屋宜大，书室宜小。"在较小的书室内，往往以书桌为中心，或居中摆放，或临窗设置，小书案是因书房的空间狭窄而产生的。杨耀先生在《明式家具研究》中道："书案一端也常临

墙窗，墙窗敞开，檐际悬挂竹帘，书斋里的装饰和家具式样是以素雅脱俗为主。"书案、书桌靠近墙面或抵住的，往往是短边。

小书案的功能有两个，一可使文人墨客站立书写或侧身伏案写字（宁波教育博物馆收藏的小书案牙板下有隔板，人无法正面伏案）；二可用于搁置文房四宝、大小书籍，达到美学、力学、功用三者完美统一。

古代小书案上搁置的除了笔墨纸砚文房四宝外，还可以放置什么呢？明代屠隆在《文具雅编》中记述了40多种文房用品，常见的有笔筒、笔洗、笔舔、笔格、水盂、墨床、印泥盒、镇纸、书屏等。

书屏，一般是主人在书写信函等文字时怕人偷窥而加以遮挡的，与放在客厅的屏风功能不一样。还有一种叫砚屏，书案上置于砚后的小屏风，用以遮挡风尘日晒，使砚中墨液不致很快干涸。古时屏风种类很多，既是很好的陈设艺术品，也具有美学价值。

在古代，除了"文房四宝"，还有"书案三珍"一说。它多为上层社会贵族、士大夫阶级和文人雅士使用，故而，历来特别讲究其艺术品位。最初，水盂或水注与砚台连在一块居多。无论是汉代的石砚还是隋以前的陶瓷砚台，往往是砚台中部微微凸起，四周则凹下去。凹下去的地方实际上是水槽——用于盛装润笔、研墨用水的。由于社会的广泛需求，随着时间的流逝和陶瓷工艺水平的提高，作为文房实用器具的水盂、水注和水洗，制作愈发讲究，艺术品位逐步提高，最终赢得"书案三珍"的美名。

三 小书案的价值

有人说，明式家具之妙不只于"艺"，更在于"道"的境界追求。看似简洁流畅的背后实乃匠心

独运，浓缩着中国文人最深层次的精神信仰与追求，也成就了明式家具自然质朴、高雅含蓄的韵味。

笔者查阅相关资料发现，与宁波教育博物馆收藏的明代黄花梨小书案在结构上极其相似的明代黄花梨小书案曾在10多年前的2004年第4期《中国红木古典家具》杂志上和2011年的《中式生活》杂志第二期上亮相。拍卖公司重点宣传，自认是奇货可居。

原来该黄花梨小书案系清代江南织造名门"苏州夏庆记丝绸庄"创始人夏穗生及其后人所藏，夏穗生先生将其有序地传于其后辈夏稻邨。夏稻邨先生于民国二十三年（1934年）与苏州雷允上药店的创始人雷允上的孙女雷传珍女士结为伉俪。他们家藏有案类家具两件，新中国成立后，雷传珍女士将其中的黄花梨画案无偿捐献给南京博物院。此案的一条案腿近上端有阴刻篆文收藏款，款字为三行、二十六字。内容为："材美而坚，工朴而妍，假尔为凭，逸我百年。万历乙未元月充庵叟识。"另一张书案即此拍品，也有同样的铭款。

据考证，万历乙未即万历二十三年（1595年），距今已有400余年的历史。有铭文、款识的明清家具极其罕见。款识中的"充庵"是何许人，已不可考。从款识上看不能确认他是这件黄花梨家具制作者或是最初的主人，还是后来的收藏者。但画案、书案传至清同治年间，已归吴门夏氏收藏。

夏氏小书案为黄花梨材质，木质坚硬，木纹优美，棕眼密集，鬼脸纹清晰分布于面板及长牙板中部，牙板拐角衔接处的纹理拼接流畅，充分体现了苏作家具的精细独到之处。该书案造型简洁，通体光素典雅，体小不失大气，简约而显沉稳的质量，具有完美的形象和不同凡响的风采。整器为夹头榫结构，冰盘沿下出光素刀字形牙板，侧腿收分明显，比例协调，线条简明圆润。珍贵木材的优良质地经

特定工艺加工之后呈现出来的色泽，有"一寸之木，一日之功"的说法。此等工艺有着严格的制作程序，只有经过反复的研磨、擦透才能柔和、光洁、熟糯，予人最惬意的视觉享受和最舒心的触摸快感。在拍卖场上，这件流传有序的小家具终于不孚众望，被买家以108万元的高价收入囊中。

宁波教育博物馆收藏的明代小书案，是郭先生2005年从江苏南通花40万元人民币购入的，相比夏氏的明黄花梨小书案，它的造型、结构、线条、气度等，并不逊色，只要你细心一比对就可感知。

郭先生买下这个小书案时，并不确定它的材质就是黄花梨，浙江省文物鉴定办公室的专家柴晔华2015年11月12日特意赶到宁波教育博物馆鉴定，他从其木料的浅黄色泽，清晰纹理，以及触摸手感、腿脚处的鬼脸纹等，明确判断其材质为黄花梨。其木质坚硬细腻，木纹优美，只是桌面有污点，看不清棕眼，但桌腿的鬼脸纹清晰分布，这件历经400多年的书案依然魅力无穷。它展示出简洁、明快、质朴的艺术风貌。它雅而致用，俗不伤雅，其现存的牙条及牙头部位采用线脚装饰，简洁悦目，加深层次，更增添了该书案优美柔和的艺术魅力。线脚是指家具边框边缘的造型线条。通过平面、凹面、凸面、阴线、阳线之间不同比例的搭配组合，形成千变万化的几何形断面，达到鲜明的装饰效果（图二、图三）。最终，这件家具被鉴定为"国家三级文物"。为什么只是"国家三级文物"？

原来，这款小书案虽属黄花梨材质，非常珍贵，但存在四个缺陷，第一个是少了一只抽屉（有抽屉口在）；第二，左右两边桌面下缺少两块牙板；第三，因年代久远，桌面已经褪色；第四，四条桌腿的腿脚原本有铜套，现在遗失了。

硬木家具在制作工艺上要有以下几条要求，一是家具表面不允许露出木材的横断面；二是木料之

图二　宁波教育博物馆收藏的明小书案的中间隔板
（木质坚硬细腻，木纹优美）

图三　明小书案的牙头及牙条部位的线脚装饰简洁
悦目

间连接不允许用钉子，不能看见透榫；三是所有拼缝、接缝严密，不允许露缝（宁波教育博物馆收藏的书案因为年代久远，出现接缝，专家以为无伤大雅）；四是器表光洁，露木纹，显木质，不允许刮腻子。郭先生捐赠的明代小书案是采用夹头榫的制作方法做成的。夹头榫是从北宋时期发展起来的、一种制作案类家具的常用的榫卯结构，其特点是腿

足在顶端出榫，与案面底面的卯眼结合，腿足上端开口，嵌夹牙条及牙头，所以外观腿足高出在牙条及牙头之上。

江南明式家具常见用材是榉木和黄花梨。明清时期，江南社会环境显著特点是富足发达的经济和浓郁的文化氛围。但家具不能唯材质论。"形、艺、韵、材"是判断一件家具是否具有价值的四大标准。决定家具价值的第一标准是造型，最后才是材质。

相比两家杂志上亮相的明代黄花梨小书案，宁波教育博物馆收藏的明代黄花梨小书案虽然没有铭款，也不清楚来历，但造型结构比它更讲究——有抽屉，有铜套、有线脚。两者在用材、造型、结构上，都能体现出天然的质朴与人工精致的巧合，看不出人为造作的痕迹，又充分利用木材本身的纹理和色泽，基本不用漆饰工艺，只是打磨、擦蜡，这样的光滑细腻，体现出明代文人对"空灵""含蓄""天人合一"等道家精神的追求。

宁波教育博物馆收藏的明代黄花梨小书案造型优美、比例协调、意韵风雅、工艺精湛，再加上材质高档，所以尽管部件有缺失，但仍具有较高的收藏价值。据悉，像这样的明代书案，全球存世不超过10张，更显示其珍贵的艺术价值与文化价值。

参考书目

胡德生：《古典家具分类调查之二：明代的桌案几》，《艺术市场》2004年第5期。

华文图景收藏项目组：《古典家具收藏实用解析》，中国轻工业出版社，2008年。

马未都：《马未都说收藏·家具篇》，中华书局，2008年。

（作者单位：宁波教育博物馆）

从唐宋元瓷器佳品看社会的审美取向

吴绮雅

中国瓷器是中国文化的重要代表，它承载着几千年的中华文明和中国古典美学思想，传统瓷器从釉色、器形与纹饰三方面来体现国人的审美观。

一　唐人对瓷器的审美观

从初唐走向盛唐，经济富庶、社会安定，国力强盛的社会历史背景，影响了当时唐人的审美取向。安史之乱前唐人以宏伟壮硕为美，以绚烂富丽为美。当时盛行的陶器唐三彩，以色彩艳丽、造型生动著称。三彩马和三彩骆驼造型上都比较肥硕健美，釉色上渲染流淌，极其华丽，装饰上划花、印花、堆贴、捏塑十分讲究。

安史之乱后，动荡的社会现实使国人的审美观念发生变化，很多文人把胡人风俗当做动乱原因之一，在审美上要求恢复华夏正统，大批文人贵族南迁，或做官、或举家搬迁、或入幕府做幕僚，一边是"心外无境""心亦是境"的"神悟境界"，一边是忧感伤时，沉迷声色，形成华丽纤巧的形式主义与唯美主义的膨胀。那时的瓷器制作发生了蜕变，陶与瓷分野，跨入真正的瓷器时代。

当时最著名的瓷窑为越窑和邢窑。越窑在南方浙江上虞绍兴等地，制造青瓷，追求釉色温润晶莹，以如冰似玉为美，秘色瓷更是青瓷中的精品。诗人陆龟蒙曾这样赞美越窑青瓷："九秋风露越窑开，夺得千峰翠色来。"唐人以为青瓷釉色或碧玉般晶莹，或嫩荷般透翠，或层峦叠翠般舒目为美。邢窑在北方河北邢台，制造白瓷，追求釉色洁白如雪。

陆羽在《茶经》中记载："若邢瓷类雪（言其洁白），则越瓷类冰（言其洁白而透明）。" 瓷器造型上也发生很大变化，追求纤丽精致。1980年在临安出土的水丘氏墓是浙江省已发现的保存最完整的，出土文物最丰富的晚唐墓葬，墓中瓷器造型风格趋于纤小，为五代瓷器造型优美秀致打下了基础。

图一为越窑青瓷茶盏，以釉色素面装饰为主。同时也有仿荷作盏的装饰。荷，亦称莲。在文人墨客的笔下，说它"出污泥而不染"，常被看做是洁身自好的象征。有刻划花装饰的也是以简洁流畅的线条，寥寥数笔就描绘出当时人们喜爱的荷花、荷叶、牡丹花等花卉。

图一　越窑青瓷茶盏（宁波博物馆藏）

二　宋人对瓷器的审美观

宋代是我国历史上文化最发达时期，重文轻武国策推动了文化教育的普及，打破了门阀贵族的教育限制，鼓励寒士参加科举，自上而下形成了一个比唐代更庞大、更有文化教养的阶层，即士大夫阶层。以儒家思想为核心的传统文化，自给自足的小农经济，独特的生存环境影响了国人的审美心态。恩格斯说过：社会存在决定社会意识。古代中国农业生存环境决定了人们所看到或感觉到的就是山和

水，　山水能让人感到脱俗，感到愉悦、宁静、美好。儒家文化教化下的国人，以田园山水为审美取向。宋代很多文人隐士自号山人、居士，他们向往桃花源似的田园渔樵生活，因此宋人尤其是士大夫阶层的文化创作活动透着浓郁的文人气息——含蓄内敛、崇尚自然、追求清新儒雅。宋代士大夫的审美情趣直接影响了当时的瓷器风格。宋瓷器型上最受欢迎的有"梅瓶""玉壶春"等，端庄高雅，体现了士大夫文化所提倡的简洁素雅之美。釉色美妙，以典雅含蓄，高尚简单，有类玉为上品。纹饰以花鸟虫鱼为主，追求完整、意境、气韵（图二～图四）。

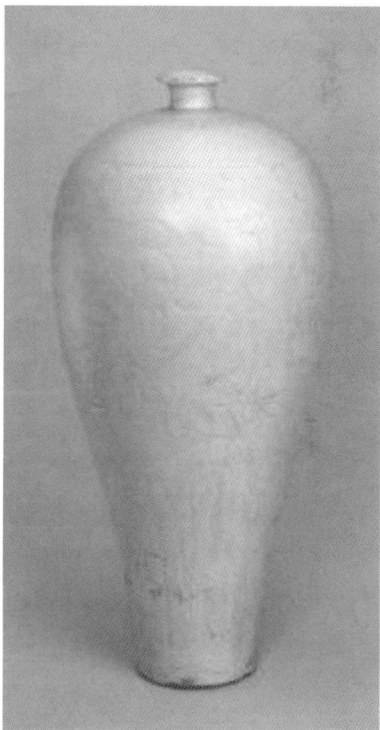

图二　宋定窑白釉刻花花卉纹梅瓶（故宫博物院藏。通体施白釉，釉色柔和洁净，白中闪黄。肩部刻划菊瓣纹一周，腹部刻缠枝莲纹，胫部刻上仰蕉叶纹。此瓶造型挺拔，是宋代定窑梅瓶的标准式样，釉质滋润，刻花清晰婉转，深浅不一，特别是所刻莲花，简洁典雅，线条流畅，显示出定窑刻花技术的娴熟）

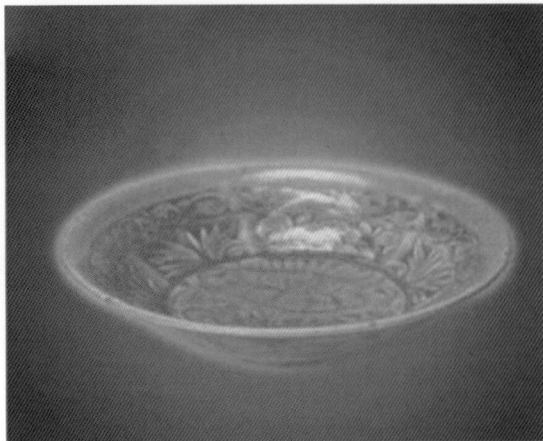

图三 宋青釉印花碟（陕西省铜川市耀州窑博物馆藏。此碟葵口形口沿，碟心横印一枝叶茂盛的牡丹，外围横印轮花一周，图案严谨中见生动，釉色青中闪绿，光泽晶莹）

图四 宋官窑青釉暗龙纹洗（天津博物馆藏。洗壁垂直微向外撇，平底，圈足宽而浅。通体灰青色釉，青翠如玉，釉汁肥厚凝重，釉面布满了自然天成、纵横交错的开片。洗口部镶铜口，圈足露胎呈褐色，紫口铁足的特征十分明显。洗内底印有一条苍龙，其形象矫健勇猛，笔触细微，但由于釉汁太厚，只有高光下才能显现，更增添了"神龙见首不见尾"的神秘之感。此洗釉色纯正，造型古朴、大方，为官窑典型器物，并且印有龙纹，较为罕见）

宋瓷分青瓷、白瓷和黑瓷三大体系，我们熟悉的官窑、汝窑、哥窑和钧窑是青瓷体系，定窑磁州窑是白瓷体系，吉州窑建窑是黑瓷体系。后世盛赞的宋代五大名窑汝窑、官窑、哥窑、钧窑、定窑，其中以"汝窑为魁"，是宋代青瓷最为精致的典范。明代曹昭在《格古要论》中这样描述："汝窑器，陈列同北地，宋时烧者。淡青色，有蟹爪纹者真，无纹者尤好，土脉滋媚，薄茂亦难得。""土脉滋媚"说的就是汝窑的釉色意境，优美典雅含蓄，有类玉的效果。

三 元人对瓷器的审美观

元代疆域辽阔，蒙古人马上民族的游牧生产生活方式造成粗放个性，对瓷器的需求以质粗耐用、尺寸较大的器皿为主，造成了元瓷的基本形象是高大、厚实、粗犷，如大罐、大瓶、大碗、大盘等。当时海上贸易发达，元人与广大西域地区和中东阿拉伯地区的文化商业交流频繁，受外族文化及佛教影响，同时也有精细之作，如胎体轻薄的高足碗、高足杯、匜、盘等。国人的审美观从宋代的含蓄典雅标准转变为吸纳外族的粗犷之美和华丽之美。变形的莲瓣纹、杂宝纹是元瓷纹饰特色。当时的景德镇窑场逐渐发展成为全国制瓷中心，以青花和釉里红出名。青花瓷用进口钴料烧制的，色泽呈艳丽的靛蓝色并有浓淡色阶。体型较大的器物以人物故事作装饰题材，如萧何月下追韩信梅瓶、昭君出塞大罐，绘画技法高超，不似工匠们信手拈来的随意涂描，这与当时文人画家参与创作有关（图五）。元政府不重视文人，使当时的文人失去了科举之路，画院的解散促使一些画家为了谋生转为民间画工。商品经济的发展促使世俗文化进一步发展，画匠们

图五　元青花萧何月下追韩信梅瓶（南京市博物馆藏。此瓶小口、丰肩、斜腹、敛胫、平底，造型优美，线条圆润、流畅，雍容华贵，给人以凝重的美感。肩腹部刻有"萧何月下追韩信"的故事，瓷瓶上所绘的西番莲、杂宝、变形莲瓣纹、垂珠纹等青花纹饰层次多样，非常独特）

结合市场的需要，用工整写实的画风把当时"瓦台"表演的"栏杆艺术"描绘在青花瓷上，留下了瓷器精品。

湖北省博物馆藏元青花四爱图梅瓶，通体绘青花纹饰，分三组，肩部饰凤穿牡丹纹。腹下部绘仰覆莲纹和忍冬纹一周。腹部主题纹饰为四个菱形开光，分别绘有中国古代四位高士闲情逸致、恬静自然的场景。其故事取材高雅，即东晋著名书法家王羲之喜爱兰花，兰花为传统寓言纹饰，古人以幽谷兰花喻隐逸之君子；宋代著名理学家周敦颐酷爱莲花，莲花纹饰以象征身居高位，廉洁奉公，运用莲与廉同音，意蕴"一品清廉"之意；人称"梅妻鹤子"的北宋著名诗人林和靖一生未婚，痴爱梅花的高雅和白鹤的飘逸；东晋著名诗人陶渊明深爱菊花的傲霜品性，淡泊名利，向往美好的田园生活。该青花陪衬的景物结合主题，四组画面情景交融，造型秀美，线条流畅，色泽浓艳，可谓元代青花瓷中极其罕见的精品。

（作者单位：宁波博物馆）

汉星云纹镜的图像表达与地域传统

马 涛

汉代是中国古代史上一个跨度时间很长的朝代，有着高度发达的物质文明和内涵丰富的文化信仰，有许许多多的各类遗存尽管跨越千年仍得以保留下来。所以汉代考古也就成为了我国考古学研究的重点之一，有着极其丰硕且优秀的研究传统，其研究成果更是灿若群星，是我等后辈学习效法的楷模。

而有关汉代画像的研究就是其中研究最多，成果也最为丰富的一类，对于汉代画像的分布地域、地域特点与分期、装饰技法、题材内容都已经有了很多成熟的观点[1]。在我看来所谓的汉代"画像"，不仅局限于两汉时期墓葬中用于装饰或者表达某种象征意义的画像石、画像砖、画像棺椁及墓前祠堂、石阙上的图案、纹饰等，还应当包括铜镜、帛画、织锦、漆器等遗物[2]上的某些相关图案或主题。这些覆盖面广的"画像"，其题材涉及的内容更是品类繁多，大体可以概括为八大类：①生产活动类，主要是表现墓主庄园和手工业作坊内生产劳动场面的耕种、收获、放牧、射猎、纺织等。②表现仕宦经历及身份地位类，主要有车骑出行、属吏、谒见、幕府等。③生活场景类，主要有燕居、饮宴、庖厨、乐舞、百戏、六博等。④历史故事类，主要是宣扬忠孝节义的忠臣义士、孝子烈女和古代圣贤故事等。⑤神话故事类，主要是表现某种神仙崇拜或宗教信仰的，如：西王母、东王公、女娲、伏羲、四神和象征仙界的珍禽异兽等。⑥祥瑞类，多是从传说故事或天人感应理论中引申出来表现吉祥的事物，如：宝鼎、神山等。⑦天象类，主要是象征天空或天界的日月星辰和云气。⑧图案花纹类，一部分为边饰花纹，主要有菱形纹、穿环纹、连弧纹、三角纹、流云纹、云龙纹等；另一部分为表现建筑构件上的装饰纹饰，如：藻井中的芙蕖、门扉上的铺首衔环等。但由于自身知识积累的不足和文章篇幅的局限，难以面面俱到。因此，在下面的文字中，我就仅以关中（长安周边）地区汉代典型铜镜为例，简述某些"画像"在铜镜中的具体表现，并对其地域传统浅谈一二。

铜镜是古人用来照面容、正衣冠的日常工具，中国使用铜镜的历史可以追溯到距今4000余年的齐家文化。古代中国式铜镜，与西方带柄镜不同，多配有镜纽，分正反两面，正面打磨光滑以发挥其实用功能，而背面多铸造有或繁或简的纹饰和各种铭文，这些纹饰、铭文具有鲜明的时代特征，是断代的重要依据，也为我们认识古代社会政治、经济、思想、文化，提供了宝贵的实物资料。而汉代社会经济空前繁荣，金属铸造工艺高度发达，铁器迅速在全国范围内得以普及，而青铜器，尤其是青铜礼器却日渐式微，但铜镜却是一个例外，不仅不曾走向没落，反而成为汉代铜器中数量最多的一类，使得汉代铜镜成为我国铜镜铸造史上三大繁盛时期之一，在各地历年的考古发现中多有发现。

汉代铜镜是当时社会思想文化、宗教信仰等的重要载体，更是有关"画像"考古研究实物中，分布最广、数量最多、地域特点十分浓郁的一类。尽管铜镜由于体量的限制，所能表现出的"画像"与画像石、画像砖上图案、纹饰不能完全地一以贯之，但在很大程度上，是对"画像"的一种微缩或者简化，也为我们研究汉代"画像"开启了方便之门，毕竟汉镜的出土远较画像砖、画像石来得多且广。

关中地区是汉代西京长安所在，作为当时政治、经济、文化中心的京畿地区，铜镜也理所应当的具有代表性和典型性。关中地区历年出土汉镜，主要集中在西安（含长安区、临潼区、户县）及周围咸阳、宝鸡、渭南地区，其中以西安为最多。据统计，从新中国成立到1990年初，见诸报道的关中地区汉墓，共有112座出土过各式铜镜，共计218面，其中仅西安就出土108面，占了总数近一半[3]。又根据《长安汉墓》中公布的139座墓葬中共有64座陪葬有铜镜，共计82面，镜类主要日光镜、昭明镜、博局纹镜、星云纹镜、四乳四神纹镜、草叶纹镜、蟠螭纹镜、七乳四神禽兽纹镜等[4]。下文中我将以西汉星云纹镜这种极具特点，图案设计别出心裁、思想文化内涵丰富、地域时代特征鲜明的铜镜进行重点介绍，并分享一些自己粗陋的研究心得。

星云纹镜，又名星云百乳镜。整体来看，星云纹镜是汉镜中制作较为精良的一种，而长安地区出土的星云纹镜，相对其他地区，不仅数量明显较多，而且铸造更加精美，保存状况也更好。新中国成立以来，在关中（长安周边）地区历年的考古发现中来看，星云纹镜也是该区域极富特色的一种。早在1959年出版的《陕西省出土铜镜》一书中就辑录了5面，仅宝鸡市博物馆就收藏了12面。而西安地区出土的星云纹镜，仅前些年见诸报道的，就又有18面之多。与之对比鲜明的是：在洛阳烧沟225座汉墓中仅出土了6面[5]；长沙地区的38座西汉后期墓中出土过1面[6]；而广州64座西汉中期墓一面也没有出土[7]。

由此可见，其他地区的星云纹镜均明显少于关中（长安周边）地区，究其原因或许就与星云纹镜的起源和时代背景密切相关，因此我们就必须考量这一时期的社会风尚。且长安作为西汉的政治、经济、文化中心，各种文化因素有机会在此频繁交流、演进和扩散，因此作为一种新出现的思潮开始被人们所认可、接受进而升华为某种信仰，最早在这一区域开始，并在各种日常使用的器物之上得以反映，也就是题中之意了！

下面我就以上文提及到的关中（长安周边）地区前些年出土的18面星云纹镜为样本，进行简要统计、分析，但又因为星云纹镜流行时间太短，不存在明显时代上的演进变化，常见类型也不多，若以考古类型学方法对这18面镜分型分式，不仅存在难度，也缺乏合理性，故在此仅分别叙述，并加以简要对比，具体见于下列表一：

通过表一的描述、统计，在对西汉星云纹镜有了更为直观、清晰地认识之后，下面我就要究其流行年代、纹饰组成及思想内涵谈谈自己的认识：

星云纹镜大体可以做一个统一地描述：圆形，镜纽为连峰式纽（亦称博山炉纽），纽外一周多饰有十六内向连弧纹或凸弦纹，边缘皆为十六内向连弧纹；而作为主体纹饰的星云纹，采用四分法布局，即以四个大乳丁配列四方，大乳丁间有数目多寡不一的小乳丁不规则分布，并以曲线相连接，因与天空中的星辰、流云相似而得名，特点鲜明，布局错落有致，工艺精湛。它首次突破了先秦以来，铜镜仅采用抽象浅浮雕为艺术表现形式的束缚，开创了高浮雕手法用于铜镜铸造的先河，对后世尤其是东汉、唐代铜镜装饰技法的多元化产生了深刻且显著的影响。

通过把握汉代墓葬形制和随葬器物组合的演变规律，我们可以得知：西汉早期，墓葬中随葬器物组合多为仿铜陶礼器，专门的明器很少；而进入西汉中期，墓葬中仿铜陶礼器明显减少，日用陶器增多，开始出现仓、灶一类的明器；到了西汉晚期，开始更多地出现反映庄园经济的仓、灶、井、案及猪、狗等专门明器，与此同时，壶的数量也大为增加。而我们对出土星云纹镜的墓葬中出土器物组合进行考量，这些墓葬中均未出土仿铜陶礼器且专门

明器数量、种类又都很少，加之参考墓葬形制本身的一些特点，我可以有理由确信关中地区的星云纹镜出现及流行的时代皆集中在西汉中期（即西汉武帝、昭帝时期），并较其他发现有星云纹镜的洛阳和江苏北部一些地区时代稍早。也就是说星云纹镜最早出现在关中（长安周边）地区，并逐渐向东扩散，先到中原的洛阳一带，再到苏北地区，但后两个地区单就流行程度或出土数量而言，仍不能同关中地区并驾齐驱。

星云纹镜在西汉中期关中地区的突然流行，后来又在很短一段时间内衰落并迅速消失，前后仅有短短的四五十年，而与其他汉代铜镜相比更显得十分突兀。究其原因应该就与其纹饰所表达的含义及当时的社会背景密切相关。

众所周知，西汉武帝是中国历史上著名的执著于追求长生不老的帝王，而求长生最主要的途径就是寻访仙人，以求得仙丹、神药。而在当时那个时代，有关神仙的传说主要有两种：一是有关东海中以蓬莱为首的三仙山神话；二是与西王母密切相关的西域昆仑神话。前者在武帝之前就一直流传甚广，但武帝在位前期，多次遣术士东渡求仙而不得[8]。《史记·封禅书》记载，汉武帝时"入海求蓬莱者，言蓬莱不远，而不能至者，殆不见其气。上乃遣望气佐候其气云"。又言"上遂东巡海上，行礼祠八神。齐人之上疏言神怪奇方者以万数，然无验者。乃益发船，令言海中神山者数千人求蓬莱神人……宿留海上，予方士传车及间使求仙人以千数。"而在其统治后半段，昆仑神话开始取代前者广泛流行，加之武帝年岁愈长，他便更加急迫地开始派人向西寻访仙人，妄求长生不老。当这种向西求仙的行为上升为国家意志后，又与当世昆仑神山的神话故事相辅相成，就直接促成了昆仑神话进一步发展成为意识形态领域的一种信仰，并迅速从当时的经济、政

表一　星云纹镜统计表

编号	出土时间地点	重量（克）	尺寸（厘米）	形状、镜纽及边缘	纹饰	保存状况	断代
图一	2000年雁荷城市花园（郑王村）M155：11	353.5	面径13.4；纽高1.3，纽径1.8；缘宽0.55，缘厚0.9；肉厚0.2	圆形；连峰纽（纽座由四枚乳相连组成）；十六内向连弧纹缘	连峰纽由多枚乳组成。纽座外一周饰十六内向连弧纹，之外两周短斜线纹同为主纹带，四枚带有四叶并蒂座将其分为四区。区内大乳小枚与几枚小乳相间环列，各乳以长短不同的弧线相连接	完整	西汉武帝时期
图二	1991年西北医疗设备厂福利区（范南村）M95：24	575.9	面径15.8；纽高1.2，纽径1.65；缘宽0.65，缘厚1.25；肉厚0.2	圆形；连峰纽（纽座由四枚乳与曲线相连组成）；十六内向连弧纹缘	连峰纽由多枚乳组成。纽座外一周饰十六内向连弧纹，之外两周短斜线纹同为主纹带，四枚带有四叶并蒂座将其分为四区，每枚带有十三枚乳相间环列，各乳以长短不同的弧线相连接	完整	西汉中期
图三	1991年西北医疗设备厂福利区（范南村）M41：9		面径13.5；纽高2.1，纽径1.14，缘宽0.5，缘厚0.9；肉厚0.2	圆形；连峰纽；十六内向连弧纹缘	纽外一周短斜线圈带内有四组短弧条纹和单连弧纹圈间环列。外有一周十六内向连弧纹，之外两周短斜线纹带，四枚带有四叶并蒂座的大乳小枚相间，为四区。每枚各有八枚小乳相间环列，各乳以长短不同的弧线相连接	残缺	西汉中期
图四	1997年谭家乡开发公司住宅小区（徐家湾）M16：17	231.1	面径11.25；纽高1.5，纽径0.9，缘宽0.45，缘厚0.8；肉厚0.2	圆形；连峰纽（圆纽座）；十六内向连弧纹缘	纽座外一周短斜线纹和一周弦纹，之外连珠纹环绕的大乳将其分为四区，四枚以连珠纹将其分为四区，每枚各有八枚小乳相间环列，各乳以短不同的弧线相连接	完整	西汉中期
图五	2000年陕西省移动通讯公司西安分公司（尤家庄）M44：4	314.4	面径13.55；纽高1.9，纽径1.1，缘宽0.45，缘厚0.9；肉厚0.2	圆形；连峰纽（纽座由多枚乳相连组成）；十六内向连弧纹缘	纽座外一周饰十六内向连弧纹，周细线凸弦纹间为主纹区。之外两周细线座的大乳将其分为四区，四枚带有圆座。每区各有一螭纹，每个螭纹之上附有许多小乳丁纹	残破	西汉中期
图六	1999年雁荷城市花园（郑王村）采集品1	157	面径10.25；纽高1.3；缘宽0.7，缘厚0.4，肉厚0.15	圆形；连峰纽（圆纽座）；十六内向连弧纹缘	纽座外一周饰十六内向连弧纹，周细线凸弦纹间为主纹区。之外两周座的大乳将其分为四区，四枚带有圆座。每区各有一螭纹，每个螭纹之上附有许多小乳丁纹	完整	西汉中期

续表

项目内容\编号	出土时间地点	重量（克）	尺寸（厘米）	形状、镜纽及边缘	纹饰	保存状况	断代
图七	2000年陕西省移动通讯公司西安分公司（尤家庄）M40:2	248.5	面径11.45；纽径1.25、纽高1.4；缘宽0.5、缘厚0.7；肉厚0.2	圆形；连峰纽（圆纽座）；十六内向连弧纹缘	纽座内饰四组短线条纹和内有四组短弧条纹和月牙纹相间环列。纽座外有一周十六内向连弧纹。之外两周短斜线纹间为主纹分为四区，四枚带有圆座的大乳将其分为四区，每区各有五枚小乳并长短不同的弧线相连接，其中一根曲线在四大乳间形成一个弧线四边形	完整	西汉中期
图八	1999年雅荷城市花园（郑王村）M104:1	159	面径9.9；纽高1、纽径1.3；缘宽0.4、缘厚0.7；肉厚0.15	圆形；连峰纽；十六内向连弧纹缘	纽外四组短弧条纹和内有四组短弧条纹和月牙纹相间环列。纽座外有一周凸弦纹圈带。之外两周短斜线纹间为主纹带，四枚带有圆座的大乳将其分为四区，每区各有五枚小乳并长短不同的弧线相连接，其中一根曲线在四大乳间形成一个弧线四边形	残破	西汉中期
图九	2000年雅荷城市花园（郑王村）M168:3	168.5	面径9.8；纽高0.9、纽径1.3；缘宽0.45、缘厚0.7；肉厚0.2	圆形；连峰纽（圆纽座）；十六内向连弧纹缘	纽座内饰短弧线纹和三角纹。其外一周凸弦纹和一周十六内向连弧纹。之外两周短斜线纹将其分为主纹，四枚带有圆座的大乳，每区各有五枚小乳并长短不同的弧线相连接，其中一根曲线在四大乳间形成一个弧线四边形	完整	西汉中期
图一○	1997年未央大厦（徐家湾）M7:2	234	面径11.5；纽高1.4、纽径1.4；缘宽0.45、缘厚0.8；肉厚0.2	圆形；连峰纽（圆纽座）；十六内向连弧纹缘	纽座内饰短弧线条纹等。其外一周凸弦纹和一周十六内向连弧纹。之外两周短斜线纹将其分为主纹，四枚带有圆座的大乳，每区各有五枚小乳相连接，其中一根曲线以长短四大乳并长短不同的弧线相连形成一个弧线四边形	残破	西汉中期

续表

内容项目/编号	出土时间地点	重量（克）	尺寸（厘米）	形状、镜钮及边缘	纹饰	保存状况	断代
图一一	1998年西航公司（薛家寨）M41：1	223.7	面径11.1；纽高0.9，纽径1.4；缘厚0.5，缘宽0.8；肉厚0.2	圆形；连峰纽（圆纽座）；十六内向连弧纹缘	纽座外饰一周十六内向连弧纹。之外两周短斜线纹间为主纹区，四枚带有圆座的大乳并以长短不同的弧线相连接，其中一根曲线在四乳间形成一个弧线四边形	残破	西汉中期
图一二	2000年陕西省移动通讯公司西安分公司（尤家庄）M53：9	177.2	面径10.05；纽高1，纽径1.3；缘厚0.5，缘宽0.9；肉厚0.15	圆形；连峰纽（圆纽座）；十六内向连弧纹缘	纽座内饰四组短线条纹和内有四组短弧纹和月牙纹相间环列。其外一周十六内向连弧纹和一周凸弦纹。之外两周短斜线纹间为分为四区，四枚各有圆座的大乳并以长短不同的弧线相连接，每区各有五枚小乳并以长短不同的弧线相连接，其中一根曲线在四乳间形成一个弧线四边形	残破	西汉中期
图一三	1999年雍荷城市花园（郑王村）M93：1	175.5	面径10.1；纽高1.5，纽径0.85，缘厚0.45，缘宽0.75；肉厚0.2	圆形；十六内向连弧纹缘	纽外饰四组短线条纹和内有四组短弧纹和月牙纹相间环列。其外一周凸弦纹圈带。之外两周短斜线纹间为主纹区，四枚各有圆座的大乳小乳并以长短不同的弧线相连接	残破	西汉中期
图一四	1999年雍荷城市花园（郑王村）采集品3	224	面径11.35；纽高1.5，纽径1.1，缘厚0.45，缘宽0.75；肉厚0.2	圆形；连峰纽（圆纽座）；十六内向连弧纹缘	纽外饰四组短线条纹和内有四组短弧纹和月牙纹相间环列。其外一周十六内向连弧纹和一周凸弦纹。之外两周短斜线纹间为主纹区，四枚带有圆座的大乳小乳，每区各有五枚相连接	残破	西汉中期
图一五	1988年西北医疗设备厂福利区（范南村）M18：5	174.1	面径10.35；纽高1.5，纽径0.9，缘厚0.45，缘宽0.6；肉厚0.2	圆形；连峰纽（方纽座）；十六内向连弧纹缘	纽座外两周短斜线纹间为主纹区，之外两周短斜线纹将其分为四区，四枚带有圆座的大乳，每区各有四枚小乳并以长短不同的弧线相连接	完整	西汉中期

续表

内容项目/编号	出土时间地点	重量（克）	尺寸（厘米）	形状、镜组及边缘	纹饰	保存状况	断代
图一六	1992年西北医疗设备厂福利区（范南村）M139：7	205	面径10.35；纽高1.1，纽径1.7；缘宽0.45，缘厚0.8；肉厚0.2	圆形；连峰纽（圆纽座）；十六内向连弧纹缘	纽座外一周凸弦纹和一周十六内向连弧纹圈带。之外两周短斜线纹同为主纹带，四枚带有圆座的大乳将其分为四区，每区各有四枚小乳并以长短不同的弧线相连接	残破	西汉中期
图一七	1998年陕西省交通学校（尤家庄）M39：3	198.2	面径10.05；纽高1.1，纽径1.2；缘厚0.5，缘宽0.8；肉厚0.15	圆形；连峰纽（圆纽座）；十六内向连弧纹缘	纽座外一周凸弦纹和一周短斜线纹同为主纹，之外两周短斜线纹同为主纹带，四枚带有圆座的大乳将其分为四区，每区有三枚小乳并以长短不同的弧线相连接	残破	西汉中期
图一八	2000年雅荷城市花园（郑王村）采集品4		面径11.25；缘厚0.5，缘宽0.9；肉厚0.2	圆形；十六内向连弧纹缘	一周短斜线纹圈内有带圆座乳钉纹和星云纹	残缺	西汉中期

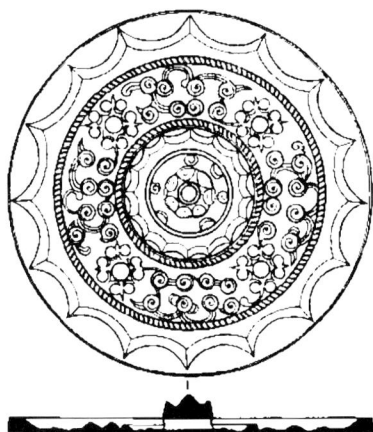

图一

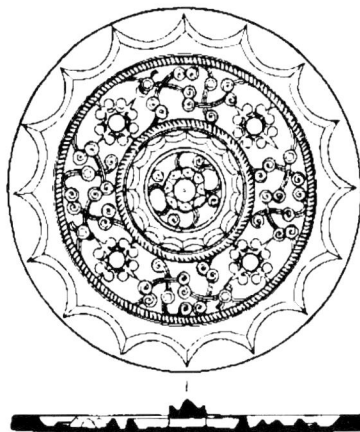

图二

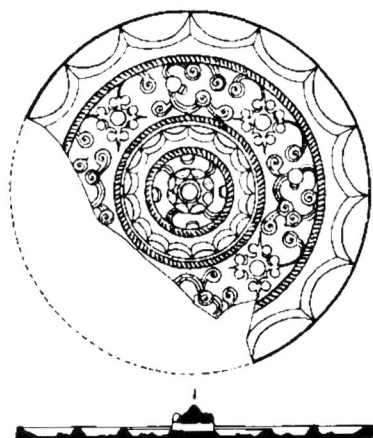

图三

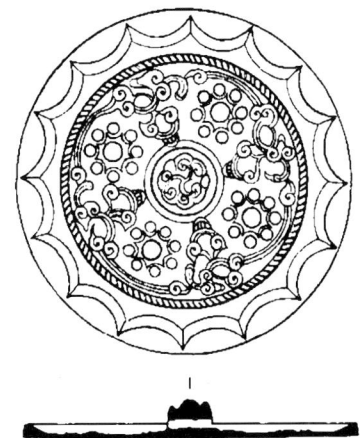

图四

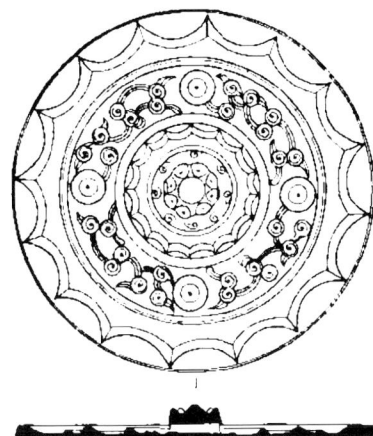

图五

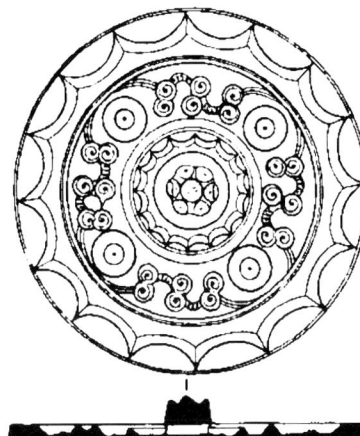

图六

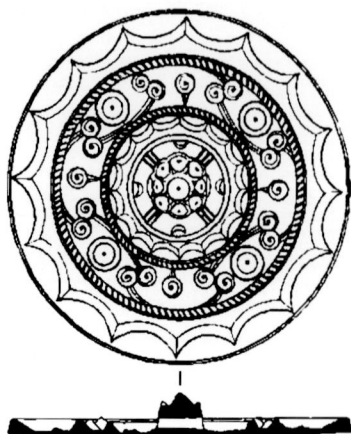

图七

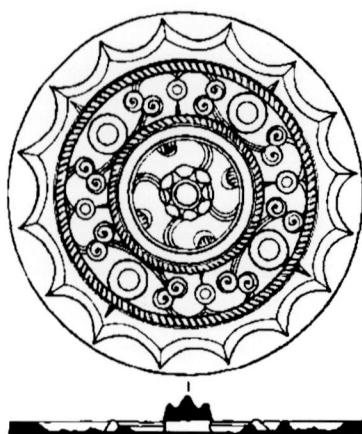

图八

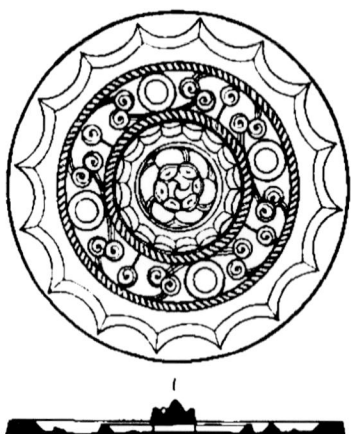

图九

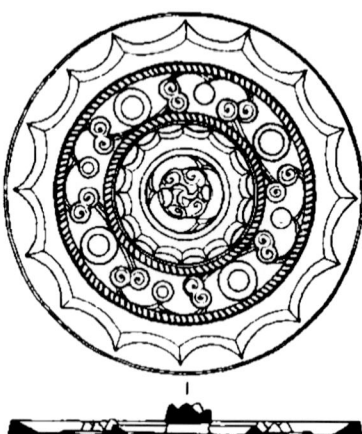

图一〇

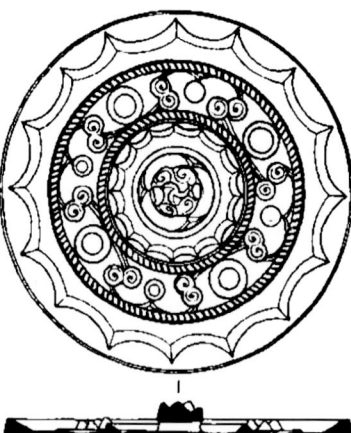

图一一

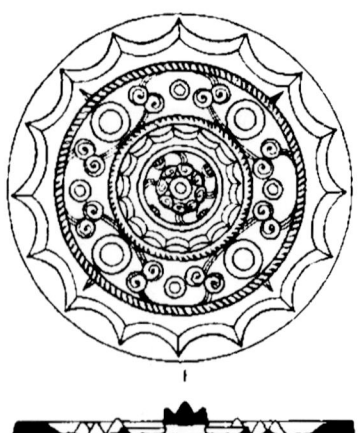

图一二

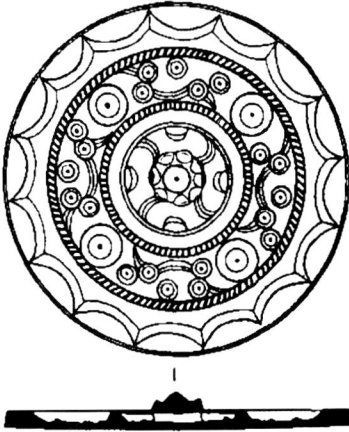

图一三

图一四

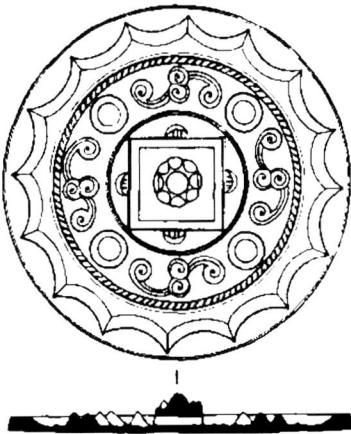

图一五

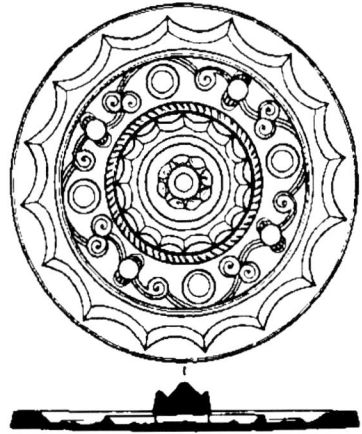

图一六

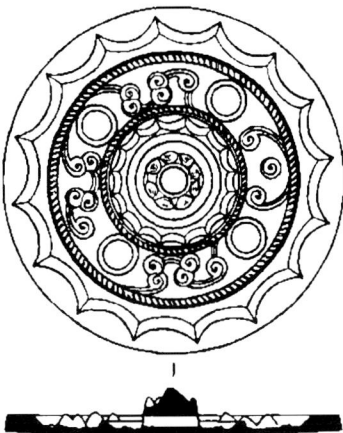

图一七

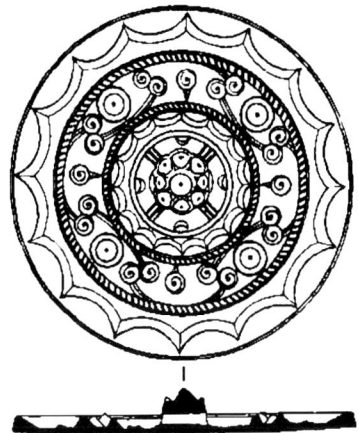

图一八

治、文化中心的关中（长安周边）地区开始辐射开来。作为一种精神文化层次的扩张，在文化程度普遍不高的古代，单单依靠文字形式的所谓经典、教义是远远无法实现的，而必须要以某种实物形态的物品为载体，方能在民间普及，最终真正上升为一种宗教信仰。而在众多可以视为某些文化符号载体的物品中，作为一种与百姓生活息息相关的日常用具——铜镜，就是其中最佳的一种选择。故而，星云纹镜就在这种时代背景下应运而生了！

参考日本著名考古学家林巳奈夫先生《刻在石头上的世界：画像石述说的古代中国的生活和思想》[9]和《汉代の文物》[10]两书中的部分观点，加之自己的一些观察、思考后，就产生了下述对星云纹镜图案或许更接近于现实的解释：

仔细观察星云纹镜上的一些图案，想必你也会与我一样有似曾相识的感觉，例如星云纹镜中的"内向连弧纹"在稍晚一些的墓葬中，有关"天界""升仙"主题的画像砖、画像石就常常能够在边缘上找到；而镜纽的"连峰"形象竟然与某些钱树底座上西王母龙虎座下的"山形座"基本别无二致。提及这些事物选取纹饰上的"巧合"，并不是为了探讨它们之间存在什么先行后续的发展脉络，只是为了证明它们有着相同或相似的文化本源，即与昆仑信仰密切相关。

根据图像志研究的一般逻辑，一组纹饰越到中心所要表现的事物越重要，代表的境界也越高，而具体反映在铜镜之上，则是图案从边缘到镜纽愈发重要，所以就需要由外及里依次解释。

镜缘的"内向连弧纹"亦称垂幔纹，早在战国时期已经出现。询问白云翔先生，得知目前尚无国内学者对此进行专门研究，但顾名思义其对应现实生活中的实物就是居室内部垂幔。再考虑到当时汉武帝对访仙求长生不老药的痴迷程度，上有所好，下必甚焉，皇帝对此一心追逐，客观上就大大助长了世人妄求长生的风气。但古时交通不便、路途险阻，臻于此道的人们亲赴名山大川，寻访"仙人"以求赐药是极为不易且难以实现的，因此大多数人只能退而求其次，尝试自己炼丹或修炼内丹。因此在室内炼丹或修炼所谓的"房中之术"也就成为了一种谋求"得道升仙"的途径，而有着帷幔的居室就理所当然地成为了他们探索"白日飞升"或长生不老的主要场所。星云纹镜边缘的十六内向连弧纹就是以"垂幔"围绕一圈，借以象征室内，即是一种与"升仙"主题关系相当紧密的纹饰。

接下来就是星云纹镜的主纹带了，也是其得名的原因，"星云纹"由4个大乳丁配列四方，这应当不只是仅从规则角度的美学设计，还应有象征天下四方的意义蕴含其中；而4枚大乳丁之间数目不定的小乳丁和将其连接的曲线就象征着天空中的星辰和祥云。所以如果把"星云纹"视为一个整体来解释，它就毫无疑问是在象征天空。

纽座外的一周一般也以十六内向连弧纹环绕装饰，至于它的象征意义当与前面所谈及的一致，只不过或许是象征着一种更高层次的"修炼"，就不再赘述。

星云纹镜镜纽采用连峰式纽，这在铜镜中基本属于一个孤例，在其他汉镜中都极少再有见到。倘若说这与当时精神文化和思想意识形态无关，确实难以令人信服，连峰式纽作连绵的山峰形状，与前面讨论内向连弧纹一样，这无疑与当时流行的昆仑神话密切相关，甚至可以把这种连绵的山峰形式直接视为"昆仑神山"的微缩，即象征着掌管长生药的神仙之居所。当时之人将抵达昆仑仙境能与神仙之人交往、游戏视为升仙成功的标志，因此昆仑山就是当时追求"长生不死"之人的精神彼岸。所以把象征它的连峰式纽置于中央当做整组纹饰的核心也就不难理解了。

综上所述，星云纹镜上选用的各种纹饰，可以统一起来加以认识，由外及内，可以看做是修炼成仙的全过程，即从人间的居室开始，经过天空，最终达到神仙所居的昆仑神山。而它所要传达的精神内涵就是当世之人所追求的长生不老或得道升仙，这不仅是西汉中期社会风俗中盛行"求仙"或妄求"长生不老"活动的一种表现，也是中国早期神仙信仰的集中反映，更为稍后盛极一时的"西王母"崇拜的源流做了绝佳的解释。

故而探索星云纹镜这种短暂流行于关中（长安周边）地区的汉镜是极具学术研究价值的，但由于个人才疏学浅，语言苍白无力，难以与目前学术界关于汉代画像研究的成果完全对接，构成一个相对完整的体系，颇为遗憾，但仍希望得到大方之家的批评指正，在此不胜感激！文中观点仅一家之言，浅薄不当之处还请原谅！

注　释

［1］按：这里所说画像主要是指与墓葬相关的画像，包括画像石墓、画像砖墓等。

［2］按：即指众多可移动文物。

［3］杨平：《陕西出土汉镜研究》，《文博》1993年第5期。

［4］程林泉、韩国河、张翔宇：《长安汉墓》上册，陕西人民出版社，2004年，796～801页。

［5］洛阳区考古发掘队：《洛阳烧沟汉墓》，科学出版社，1959年，160～162页。

［6］中国社会科学院考古研究所：《长沙发掘报告》，科学出版社，1967年，116页。

［7］广州市文物管理委员会、广州市博物馆：《广州汉墓》，文物出版社，1981年，286～289页。

［8］《史记·卷二十八·封禅书第六》。

［9］林巳奈夫著、唐利国译：《刻在石头上的世界：画像石述说的古代中国的生活和思想》，商务印书馆，2010年。

［10］林巳奈夫：《汉代の文物》，京都大学人文科学研究所，1976年。

（作者单位：宁波博物馆）

关于宁波名人故居保护利用的思考

杨晓维

宁波自古文脉不断、名人辈出，名人是宁波数千年历史的传承，其故居则是宁波名城历史传承的载体。名人故居作为历史遗存中珍贵的不可移动资源，是城市文化可持续发展的动力。宁波市在名人故居保护和利用方面做了许多工作，但由于经济、历史等原因，其现状和结果普遍不尽如人意。目前，宁波名人故居系统的研究还是空白，从各项资料和文章来看，对宁波名人故居具体数量、分布上没有进行过系统、详细的统计。本文以第三次全国文物普查数据为基础，通过对宁波全大市现存名人故居的梳理汇总及实地走访，就宁波市名人故居的现状情况进行了调研总结，并对宁波名人故居的保护和开发利用提出了一些设想与建议。

一　宁波名人故居现状分析

宁波作为历史文化名城，人文渊薮，群星璀璨，从古至今涌现了大量不同领域的名人志士，为城市经济文化发展乃至社会文明进步作出了重要贡献。这些历史文化名人是宁波城市的骄傲，他们留下的故居更是宁波城市的宝贵财富。宁波的名人故居具有数量多、类型广、集聚分布等鲜明特点。

（一）宁波名人故居分布情况

宁波市名人故居的分布很不均衡，11个县（市）区均有分布，且数量相差悬殊。根据第三次全国文物普查数据统计，全大市现存各类名人故居共计165处，其中，海曙14处、江北10处、江东1处、鄞州20处、奉化36处、镇海33处、北仑11处、慈溪9

处、余姚11处、象山7处、宁海13处。奉化、镇海、鄞州三个县（市）区分布最多，占全市名人故居总数的三分之一以上。老三区相对较少，主要集中于海曙区（表一）。

表一 宁波市名人故居分布情况一览表

县（市）区	数量（处）	百分比（%）
海曙	14	8.5
江北	10	6
江东	1	0.6
鄞州	20	12.1
奉化	36	21.8
镇海	33	20
北仑	11	6.7
慈溪	9	5.5
余姚	11	6.7
象山	7	4.2
宁海	13	7.9

（二）宁波名人故居分类

历史上的宁波一度是国内学术文化重心、海外经济文化交流重镇和重要外贸港口，从古到今涌现了大批不同领域的精英人才群体，在本地经济文化发展乃至社会文明进步中留下了重要痕迹。宁波名人故居内涵丰富、类型多样。从名人类型上分，涉及文艺、商业、科学、军政界等各个领域的历史文化名人，在宁波各地集中分布着一批商帮故居（虞洽卿、孙衡甫、余芝卿、黄允芳、包达三等故居）、院士故居（童第周、贝时璋、翁文灏、翁文波、颜鸣皋、林永年、翁史烈等故居）、藏书楼类型故居（天一阁、烟屿楼、伏跗室、蜗寄庐、五桂楼）、革命人物故居、涉台人物故居、文学家故居、书画家故居等。从建筑年代、类型上划分，有明清古建（48处）和近现代重要史迹、传统民居类建筑和代表性典型风格建筑等（表二）。

表二 宁波市名人故居"名人"类别一览表

名人类别	政治	革命	文学	艺术	商业	科学	其他
数量	28	35	20	9	43	17	13
百分比（%）	17	21.2	12.1	5.5	26	10.3	7.9

二 宁波名人故居的研究价值

1. 文化研究价值

"名人故居是特定历史条件、特定区域、特定民族和民俗文化的产物，具有当时当地的历史和文化特色，传承家庭、家族和民族的历史与文化传统。考察和研究名人故居，对了解不同地区、不同时代、不同家族、民族和国家的历史文化及其心理根源和促进其交流融合等都具有不可缺少的意义。名人故居所包含的文化和精神会随着时间让后人慢慢发现。"[1]名人故居作为宁波这个历史文化名城的精神家园和守望之地，蕴含着极其深厚的文化底蕴，是宁波丰厚人文积淀、悠久历史文化的具象物化和发展脉络，它们诉说和见证着宁波的书香文化、尚学精神、商帮繁荣、政坛风云。天一阁（范钦故居）是藏书文化的代表；白云庄（万斯同故居）是书院文化的代表、"浙东学派"的学术重地；王守仁故居是"阳明心学"的发源；钱肃乐、张苍水故居是英雄气节的象征；龙山虞氏故居不仅是研究"宁波帮"的基础，更是探索中国近代经济史、航运史的重要史迹。宁波还保存着一批身负盛名、影响国内外名人的故居,有思想家全祖望、王阳明,经史学家陈汉章,艺术大师潘天寿、沙孟海,文学大师邵荃麟、王任叔(巴人),科学家童第周、翁文灏,电影宗师袁牧之、政界领导蒋介石、革命先驱马宗汉、柔石、殷夫等。近现代,宁波各路英才更是喷涌而出,最著名的便是名震海内外的"宁波帮"人士:钱业领袖秦润卿、影业巨子邵逸夫、船王之首包玉刚等。这些具有丰富的精神内涵的名人故居,已成为传承历史文化、弘扬爱国主义、展示宁波精神的重要载体,是研究宁波历史文化的丰厚资源。

2. 建筑研究价值

宁波的名人故居不仅具有丰富的人文内涵,还具有典型的建筑研究价值。大部分名人故居在建筑设计上都具有极高的艺术价值和科学价值。天一阁(范钦故居)、盛氏花厅等名人故居,同时也是明清古建类典型代表,高宅、深井、大厅、马头墙、黛瓦、粉壁、青砖门罩、石雕漏窗、木雕楹柱,做工精致,用料考究,体现了宁波当地古建的鲜明风格。龙山虞氏故居、奉化蒋氏故居则是近代建筑中西合璧的成功典范;慈城孙衡甫故居是研究地方民间村落建筑特色的实物例证;江北、镇海等地的"宁波帮"名人故居都具有石库门建筑的典型特征。这些名人故居的建筑风格和细节,对研究宁波地方史及建筑发展史均有较高的实物参考价值。

3. 社会经济价值

名人故居的社会经济价值是在人文、历史、艺术、科学价值的后衍生出来的。随着实践的发展和认识的深化,除了人文、历史、艺术、科学价值以外,还不能忽视现代社会发展下,名人故居作为不可再生资源凸显出来的经济价值。宁波作为旅游城市,名人故居是重要的不可再生的文化旅游资源,其产生的文化和历史作用对旅游业发展有着重要意

义,其艺术和科学价值更给人提供审美享受。反过来,有效的旅游开发可以进一步使宁波名人故居所体现出来的价值得到充分提升。因此,宁波名人故居文化价值保护越好,在旅游开发中经济价值体现就越高。

三 宁波名人故居的保护利用情况

(一)宁波名人故居保护利用现状

目前,名人故居被核定为文物保护单位(点)仍是最有效的保护手段。以"三普"统计数据为准,宁波市现存各类名人故居共165处,其中有天一阁(范钦故居)、白云庄(万斯同故居)、蒋氏故居、虞氏故居、王守仁故居、吴杰故居(列入镇海口海防遗址)等6处为全国重点文物保护单位,翁文灏故居、伏跗室(冯孟颛故居)、张苍水故居、姚镆故居、谢恒成故居、沙氏故居、周尧故居、童第周故居、张亚人故居、王任叔故居、柔石故居、潘天寿故居、杨贤江故居、徐之萱故居、五桂楼(黄澄量故居)等15处为省级文物保护单位,33处市(区)级文保单位,35处市(区)级文保点,但仍有陈逸飞故居、"红帮裁缝"王才运旧居、"中国的橡胶大王"余芝卿故居等70余处(占46%)尚未核定任何文物保护级别。这其中仍有一大批见证着宁波经济文化发展进程的商帮名人故居、院士名人故居及红色革命名人故居。

从具体保护和开放利用情况来看,列入全国和省级重点文物保护单位的名人故居保护情况较好,有明确的管理机构和专人管理,长年开放,陈列和展览内容丰富,质量较高,有些已成为重要的爱国主义教育基地,发挥着独特的教育作用。列入市(区)级文保单位(点)的名人故居,近年来,经过维修保护,逐步向公众开放,但长年开放的数量不多,

管理水平不高，缺乏规范的讲解，陈列内容也较简陋。大部分名人故居被政府机构、集体单位使用或私人居住，房屋结构、风格等因使用需求，都有不同程度的改变。如邵荃麟故居为其后人居住使用，虽然建筑整体形制、风貌保存基本完好，建筑单体内结构破损严重，大厅、前厅、东西厢房都有不同程度的改动，后厅屋面已翻新，两次间改为砖混水

泥结构。还有部分只是挂上一块文保单位或文保点的牌子，由于种种原因，没能得到及时有效的维修和保护，长期处于闲置荒废状态，现状令人堪忧。例如省保单位翁文灏故居目前仍闲置待修缮中。而未列入保护范围的名人故居，更是处于无人保护、无人管理的状况，导致自2011年12月"三普"结束至今，已有多处遭遇损坏拆迁。

表三　宁波市名人故居文保级别一览表

保护级别	国家重点文保单位	省级重点文保单位	市（区）级文单位	市（区）级文保点	无保护级别
数量	6	15	33	35	76
百分比（%）	3.7	9.1	20	21.2	46

表四　宁波名人故居使用情况一览表

使用情况	对外开放	办公场所	居住场所	闲置	拆迁
数量	32	24	83	21	5
百分比（%）	19.4	14.5	50.4	12.7	3

表五　宁波市省级以上文保单位名人故居情况统计表

序号	名称	年代	保护级别	所有权	现状
1	天一阁	明-清	国保	国有	开放参观
2	白云庄	明	国保	国有	开放参观
3	蒋氏故居	清-民国	国保	国有	开放参观
4	吴杰故居	清光绪	国保	国有	开放参观
5	王守仁故居	明	国保	国有	开放参观
6	龙山虞氏故居	民国	国保	国有	开放参观
7	翁文灏故居	民国	省保	国有	空置待维修
8	伏跗室	清	省保	国有	开放参观
9	张苍水故居	明	省保	国有	开放参观
10	姚镆故居	明嘉靖	省保	国有	居住场所
11	谢恒成故居	民国	省保	国有	办公使用
12	沙氏故居	清	省保	国有	开放参观
13	周尧故居	民国	省保	国有	开放参观
14	童第周故居	民国	省保	国有	开放参观

续表

序号	名称	年代	保护级别	所有权	现状
15	王任叔故居	近现代	省保	个人	开放参观
16	张人亚故居	民国	省保	个人	居住场所
17	五桂楼	清嘉庆	省保	国有	限制性开放
18	杨贤江故居	清光绪	省保	国有	开放参观
19	徐之萱洋房	民国	省保	国有	空置待维修
20	潘天寿故居	清	省保	集体	开放参观
21	柔石故居	民国	省保	国有	开放参观

（二）宁波名人故居保护利用工作存在的困难和问题

通过实地调查走访，宁波现存的部分名人故居原貌已遭到破坏，一些建筑多年受风雨侵蚀亟待修缮，个别建筑文物环境遭到建设性的破坏，种种信息表明，宁波名人故居保护利用工作存在诸多问题和困难。

1. 重视程度不够，保护工作滞后

首先，如何调整名人故居保护与城市开发进程的矛盾是问题的关键所在，有关部门或领导对名人故居保护的重视程度与城文化发展的现实需要不相适应。近年来，一大批宁波名人故居，在城市建设规划中，因旧城改造、道路拓宽等原因，遭到了建设性破坏，甚至有些尚未挂牌但仍具保护价值的名人故居，在城市规划的旗号下、在推土机的轰鸣声中无奈被夷为平地。

2. 政策法规不健全，工作机制紊乱

宁波名人故居保护工作没有具体的针对性的政策法规，对已列入文物保护单位（点）的名人故居可以由文物部门依照《文物法》和地方性法律法规等来进行管理，但未被列入文物保护单位的名人故居却因产权关系复杂而缺乏政策支持。宁波市虽然先后颁布实施了《宁波市文物保护管理条例》等一系列法规，但都是宏观性政策，对名人故居保护和利用而言适用性不强[2]。导致哪些名人故居应该保护，该如何保护；哪些名人故居应侧重建筑本身，哪些名人故居应突出人文内涵，哪些名人故居可以建纪念馆，哪些名人故居可以设展览馆，哪些名人故居可以作为爱国主义教育基地，那些名人故居适合开发艺术休闲场所……在实际工作中都无章可循。具体操作的随意性造成大部分名人故居保护力度不到位、开发利用不合理，甚至近半数未列入文保级别的名人故居仍处于自生自灭状态。

3. 产权形式不清晰，工作落实困难

由于历史原因，目前宁波市名人故居的产权形式较为复杂，国家级和省级文物保护单位产权几乎均属国家或集体所有；市县级的文保单位、文保点大部分则属私人所有。凡属私产，根据现有法规，其保护经费的投入和维修管理面临很多实际困难和问题。加上缺乏政策法规的支持，保护工作落实困难重重。私人占用居住的，大都对故居内部结构、房间设施进行了改建、扩建甚至拆除。甚至有些故居，原住民搬迁后，处于长期群租状态，房屋的总体布局、建筑风格正逐渐消失，更有多处名人故居长年失修，建筑日趋残破不堪。

4. 保护经费不足，制约保护利用瓶颈

目前，宁波市名人故居保护工作没有专项资金，其保护经费在文物保护专项资金中开支，而全市文物保护资金本身不足，能用于名人故居保护的经费更是少得可怜。2011年度全市文物保护经费总投入为10670.15万元，主要用于全市文物普查、文物安全与维修工程、文物单位保护规划编制、"四有"档案、抢救性考古调查与资料整理、文物宣传与研究等[3]。可见文物保护经费本身就已经捉襟见肘，用于文保单位管理保养的经费只能进行一些日常性的维护和抢救性的修缮，根本无法满足保护工作的需要，更不用说进一步的提升改造、开发利用。

5. 管理宣传不科学，影响保护利用效率

目前，宁波市对名人故居的开放和管理尚未出台统一的标准和规定。各级文物部门面对数量多、范围广的名人故居，由于管理力量不足，人手紧张，常常顾此失彼，难以周全。而且，媒体宣传力度不够，普遍存在对名人事迹、故居介绍宣传欠缺的现象，众多名人故居如今仍然是"养在深闺人未识"。宁波名人故居主要还是以单纯的保护为主，对故居进行基本的修缮和维护，其开发利用率仅占19.4%（表三）。那些已对外开放的名人故居，往往由于实物征集不易、参观人数不多等种种原因，普遍存在陈列形式枯燥，展览内容单一，讲解服务缺乏等现象，影响开放利用的效果。一些地处偏远乡村的名人故居，由于交通不便，参观者甚少，甚至常年闭门谢客。

三　对宁波市名人故居保护利用的设想

根据名人故居资源开发利用的特殊性，以及名人故居资源的特点，提出今后保护和开发利用的几点设想。

（一）规范名人故居保护体系

为了避免城市历史文化的消失，目前已经非常有必要对城市现存的名人故居进行系统、全面的摸底调查，对现存故居和街区进行实地测绘、登记和分类，并加以汇集整理，摸清故居数量和分布地点，建立宁波全大市完整的名人故居档案系统，为保护、管理和利用名人故居做好铺垫作用。并在此基础上制定具体可行的保护条例和保护规划，统一名人的划定标准和名人故居的界定准则，明确名人故居保护的基本思想、工作原则、权利责任等，使名人故居保护工作有法可依。2014年年底，宁波市政府刚刚出台了《历史文化名城名镇名村保护工作意见》，要求通过实施科学的保护规划，提升历史文化名城名镇名村保护利用水平。名人故居的保护工作既可以结合名镇名村保护开展，更应该以此为契机，启动并建立规范系统的保护机制。

（二）提高名人故居保护利用水平

名人故居的保护和开发利用一定要在遵守各项文物保护法规的基础上，周密地规划论证，在保护基础上开发利用。对属于文保单位或文保点的名人故居的维修工作，要从实际出发，把保护其原有风貌放在第一位。对损坏严重、亟须保护的故居，要尽快实施保护整治工程，在完成维修验收的基础上，进一步做好开放工作。已对外开放的名人故居要在提高开放质量上继续下工夫，充分发挥其纪念教育作用。对仍由居民和单位使用的名人故居，要根据文物保护"谁使用，谁负责"的原则，加强日常管理，与住户签订有关协议，落实使用单位（人）的保护责任，确保建筑本身安全无隐患，保护好故居原貌。

（三）改善名人故居整体环境

保护名人故居其实并不仅仅是简单地保护一幢

建筑，而是要保护这幢建筑所承载的文化环境。要以可持续发展的眼光角度看待名人故居的保护利用问题，要借鉴国内外其他城市的先进理念，结合历史街区、名镇古村保护开发工作，建立整体保护的思路。其实周边环境承载着名人的文化内涵，如何协调名人故居周边区域的建筑风貌、景观环境、生态环境以及文化环境，如何改善名人故居外围配套服务设施，从而形成完整的文化旅游产业链，这值得从宏观上系统考虑把握。鄞州区曾投入360万元，对塘溪的沙氏家族、沙耆、童第周、周尧4座名人故居进行修缮、扩建并布展成纪念馆[4]。与六大古道、古镇文化相结合，成功打造了一条文化旅游景观带。

（四）拓宽名人故居保护渠道

名人故居保护利用是一项具有社会效益的公共文化建设事业，这就意味着要以国家及各级政府为主要牵头，以民间保护团体为核心，需要全社会各方力量共同参与保护。在名人故居保护氛围的营造上，要重视发挥民间组织的力量，注重激发民众文化遗产保护的自觉意识，强调名人故居的管理者、拥有者、使用者承担起相应的保护义务，鼓励社会力量参与名人故居保护工作，支持成立相关民间公益组织，通过法规明确其角色定位，构建有利于保护的良性机制。在具体方式方法上，要根据各个名人故居建筑的特点、原始功能、地理位置和可操作性等确定其利用性质，深度挖掘名人故居内涵，通过媒体宣传、旅游参观、学校培训、市民教育、学术研究等多种手段，发挥名人故居的历史人文价值。在保护经费来源上，以政府财政资金为主进行保护的同时，鼓励多种渠道、多种形式，向社会筹集资金做好名人故居保护工作。可以借鉴北京、上海、杭州等地的做法，在确保不改变名人故居原始结构、原有风貌的前提下，将部分名人故居出租、出售给企事业单位、私人业主，通过产权转让的方式推动名人故居保护，拓展新的保护途径。例如，上海"多伦路文化名人街"的二期保护性开发，采取政府和上市公司合作的运作模式。政府负责制定规划、政策指导、开发定位、引导管理以及对开发进行全面支持。通过吸收社会资本，为多伦路产业化发展以及整体推进奠定了雄厚的资金基础。这种保护性开发模式解决了目前文化产业开发主体单一、社会资本匮缺、投资总量不足、资金利用率不高等普遍性问题。逐步形成政府与开发商既统一又分离、既合作又分工的关系。以"市场化模式、企业化运作"的原则，塑造"政府导向、企业实施"的开发机制[5]。

宁波名人故居资源丰富，发掘利用潜力很大，保护工作任重道远。名人故居记载着历史、传承着文化，如何保护、研究和开发利用现存的名人故居，对于保护宁波这座历史文化名城的风貌，以及促进城市文化的可持续发展都具有重要的意义。

注　释

［1］孙刚：《文化遗产价值之我见》，《南方文物》2009年第1期。

［2］张淑芳、傅祖栋：《公共管理视角下宁波名人故居的保护和利用》，《三江论坛》2013第5期，37页。

［3］宁波市文化广电新闻出版局：《宁波市文物事业发展蓝皮书》，2012年，8页。

［4］朱军备：《名人故居宁波城市的宝贵财富》，宁波日报，2010年8月19日第A13版。

［5］张永林：《历史风貌区的分类保护和综合开发——上海多伦路文化名人街资源保护开发策略和措施》，《中国文化报》2011年2月23日第6版。

（作者单位：宁波市文物保护管理所）

宁波会馆的特色及在中国会馆文化上的价值分析

黄定福

会馆是中国明清时期都市中由同乡或同业组成的封建性团体，始设于明代前期，迄今所知最早的会馆是建于永乐年间的北京芜湖会馆。嘉靖、万历时期趋于兴盛，清代中期最多。即使到了清代后期，突破地域的行业性会馆仍然只是相当个别的。此时出现的一些超地域的行业组织，大多以同业公会的面目出现。明清时期大量工商业会馆的出现，在一定条件下，对于保护工商业者自身的利益，扩大商品流通、传播中华文明等发挥了重要作用。

一　宁波会馆的历史渊源[1]

中国历史上的会馆是缘于乡谊而建的郡体性的自卫、自律、自治的组织。会馆的出现与兴起，从历史上看是伴随着通商贸易于异地息息相关而产生的。宁波外出经商古已有之，会馆创建始于明末，到清一代，不仅在北京、天津、上海、南京等大都邑创办会馆，而且为团结海外宁波商帮，在亚洲的日本、新加坡等地也成立会馆。国内外会馆迅速扩展，以会馆为联络场所，结伙经商。

宁波会馆的形成，其雏形可以上溯到宋代。那时是用行、团来称呼这种行业组织的，不过用语还显得不够明确，它有时指店铺，有时指在无正式协同关系下，集中于同一街道上的同业或店铺群，有时就指行业公会。从事同一经济活动的工商业者，由于共同的利害关系，通常把店铺开设在一起。例如，清代中期，经营靛青输入业的靛青行业就有10

家,它们在靠近宁波市区灵桥的奉化江东岸并排开着商店。同样,药商开在同一条街上,称之为药行街。

嘉庆十二年(1806年)的《药皇殿祀碑》写道:"甬江航海通衢,货殖都会,商皆设有会馆,以扼其则纲举而目张,兹药皇圣帝殿,吾药材众商之会馆也。"

据记载,药皇殿[2]由宁波府太守陈一夔和药商曹天锡、屠考澄等倡建于康熙四十七年(1708年),乾隆九年(1744年)再由20位药商发起重建,成立了"药皇殿崇庆会",内设有药业子弟学校,并有"临安会"民间志愿救火团体,还有"养生所"休养病残药业职工,处理死亡后事。此处还有"同善会""同庆会"民间慈善团体,1943年有会员578人。

在东门附近开有一排店铺,糖业、干渔业、钱庄业则集中在江厦地区。各种工匠也大半按专业集中在一起,这种形式的集中或组织,在宋代若是属于商店则称行,如果属于手工业铺子则称作(坊)[3]。

南宋绍熙二年(1191年),宁波有了明确而初具雏形会馆的记载[4]。福建舶商沈法询,在海上遇难受妈祖女神保佑,取福建莆田妈祖庙炉香,回明州江厦住处,捐宅为庙,创殿设像,由此诞生了浙东第一座天妃宫,成为闽商的保护神天后庙,即后来的会馆。信徒都是海运业行会和成员。

明清时期的宁波市内与福建商(漕)运业和南号海(漕)运业者还各建立了一个会馆(天后宫),以后又建立了两个天后分庙,一个建于象山港北的大嵩卫所旁边,另一个建于宁波三江口,与南北海商分所相邻。南北海商公所是南号、北号海(漕)运业者共同参与的行会会馆。这期间,福建商人在江厦地区建立了新的会馆。19世纪末,在宁波市区的同乡会馆,著名的有福建商帮组织的闽商会馆、广东商帮组织的岭南会馆、山东连山商帮组织的连山会馆、徽州府商帮组织的新安会馆等。反映了宁

波港城经商的来自祖国的四面八方,他们为了维护各自商团的利益,组建了各种会馆。说明宁波是会馆的发祥地。当然最为出名的当推出宁波北号的海(漕)运业商人创办的庆安会馆。

二 宁波现存会馆实例分析

宁波历史悠久,文化积淀深厚,可以追溯到7000多年前的河姆渡文化。据考古研究,当时居住在姚江流域的河姆渡人已经达到了很高的文明水平,已学会了种植水稻,步入原始农业社会,并出现了原始商品交易的萌芽。宁波自古人杰地灵,人才辈出,素有"文教之邦"的美称。宁波历来又是一个重要的港口贸易城市。宁波港自西汉作为军事港口启用以后,逐渐演变为贸易口岸。西汉时期宁波就开始了对外贸易和交往。唐朝时随着对外贸易的日渐繁荣,设立了市舶司[5](相当于现在的海关)。南宋时期,随着朝廷南迁杭州,宁波的对外贸易更是空前繁荣。鸦片战争之后,宁波成为"五口通商"口岸之一,1844年正式开埠。正是优越的自然条件、深厚的文化底蕴与悠久的商贸传统蕴育了宁波源远流长的儒商文化,许多宁波人结伴外出经商,不仅在当地建立了一个个同乡组织和会馆建筑,同时也在宁波也留下了一座座精美的商帮会馆。

1. 庆安会馆

庆安会馆是航业会馆,位于奉化江、甬江、余姚江汇合的三江口东岸,得名于"海不扬波庆兮安澜"。庆安会馆始建于道光三十年(1850年),由慈溪、鄞县、镇海等九个具有影响力的北号海运业者共同倡建。清代海禁废弛后,宁波港海运发达,贸易兴盛,"舟楫所至,北达燕、鲁,南低闽、粤而延西、川、鄂、皖、赣诸省之产物,亦由甬(宁波)埠集散,且仿元人成法,重兴海运,故南北号

盛极一时"。当时，由于实施漕粮海运，宁波经营北方航运的北号船帮实力日渐扩大，因而迫切需要一个独立的经营总部。

咸丰四年（1854年），为平定海域海盗抢阻，保卫南北洋海运之安全，集资购买引进西方先进技术的轮船"宝顺轮"（配备大炮、弹药）。"中国之用轮舟自宁波宝顺轮始也。"宝顺轮投入运行后，对南北洋海盗船进行清扫，平定了北洋与南界。宁波北号商团（宝顺轮）名震四海，扬名于国内外，使盗船闻声畏之，保障了"海上丝绸之路"的畅通。这也是我国近代自办的第一艘火力轮船，成为创办中国近代洋务的先声。郑绍昌先生在《宁波港史》中评价说：这是宁波港在近代化的道路上迈出的具有重要历史意义的一步，标志着宁波港作为单纯帆船港时代的结束。

庆安会馆精工细作，规模宏大，费资达白银十万两，历时三年落成。占地面积约为5000平方米。沿中轴线有宫门、仪门、前戏台、大殿、后戏台、后殿、前后厢房等建筑。会馆的宫门为砖墙门楼，屋顶形式为抬梁式硬山顶，设有三马头山墙。建筑装饰采用砖雕、石雕和朱金木雕等宁波传统工艺，保存有1000余件朱金木雕、200多件砖雕、石雕工艺品，体现了清代浙东地区"三雕"工艺技术的最高水平，堪称宁波近代地方工艺之杰作，浙东近代木结构建筑典范。天后宫内建有前后分别为祭祀妈祖和行业聚会时演戏用的两戏台，为国内罕见。

庆安会馆是我国现存的宫馆合一的实例，为中国八大天后宫之一，七大会馆之最，也是浙江省唯一保存完整的一处会馆建筑群，2001年，被公布为全国重点文物保护单位，2014年6月，获得宁波市首个世界文化遗产点称号，是宁波港口城市的标志性建筑和中国会馆重要的文化遗存。

2. 安澜会馆

安澜会馆位于宁波市区三江口东岸，庆安会馆南侧，安澜会馆（世称南号会馆），安澜意即："仰赖神佑，安定波澜"，在国内经营南方贸易，由此形成了宁波独有的南、北号两会馆并立的格局。两馆既是宁波商人的聚会之地，同时也是祭祀妈祖的场所。两会馆历史上距离二三十米，2000年因为工程建设市政府把安澜会馆的一砖一瓦迁建到庆安会馆南侧。它既搞运输、又搞销售，主要的货物有泉州帮和厦门帮经营的砂糖、谷物、木材、藤材、杂货、干果，兴化帮（莆田）经营的生鲜、桂圆。

清道光六年（1826年），宁波市区有福建人的闽商会馆、广东人的岭南会馆、山东人的连山会馆、安徽人的新安会馆等。为了与外商抗衡，甬埠南洋舶商创建了安澜会馆，整体建筑坐东朝西，依次为宫门、前戏台、大殿、后戏台和后殿。宫门是五开间硬山顶；前戏台是歇山顶建筑；大殿是安澜会馆核心建筑，五开间硬山顶；后戏台是歇山顶建筑；后殿是五开间抬梁式硬山顶建筑。会馆内所建有的分别为祭祀妈祖和行业聚会时演戏用的两戏台为国内罕见，与庆安会馆的前后戏台相比要简单多了，整体建筑规模宏大，气势雄伟，建筑构造独特，工艺精湛。

3. 钱业会馆

钱业会馆位于市区东门口不远处的战船街10号。清同治三年（1864年）钱业同业组织形式称钱业会商处，在江厦一带滨江庙设有公所，曾毁于兵火，后于1862年由钱庄业筹资重建。至民国十二年（1923年）因原有公所"湫隘不足治事"乃购置建船厂跟（今战船街）"平津会"房屋及基地一方，兴建新会馆，即现在的钱业会馆，至1926年竣工。它是昔日宁波金融业聚会、交易的场所。

宁波的金融业，一向以钱庄为主体，据《鄞县通志》记载，甬上金融向以钱庄为枢纽，其盛时，资金在六万元以上的大同行有36家，一万以上的小同行有30余家，最多时仅在市区多达160多家。宁波人向以勤奋聪明、经营有方著称。清道光年间（1821～1850年），宁波钱庄首创"过账制"，即各行各业的资金收支，从使用现金改为借助钱庄进行汇转，实行统一清算。这意味着现代金融业的票据交换办法在我国的开始，与英国伦敦于1833年成立的票据交换所在时间上大致相同，而比纽约、巴黎、大阪、柏林等城市的票据交换所则要早得多。会馆内迄今还收藏着记述宁波金融业发展概况以及建馆始末的石碑等。金融业的兴旺是经济发达、繁荣的标志，当时曾有"走遍天下，不如宁波江厦"的说法，足以说明当时宁波经济的昌盛与宁波人的骄傲。

钱业会馆是一座占地1500余平方米，由前后二进、亭台楼阁、园林组成的中西式砖木结构建筑，其建筑风格别具特色：前进廊舍环绕；两旁石刻、碑记；中有戏台；后进议事厅。厅前亭园花草，清静幽雅，是全国唯一保存完整的钱庄业的历史文化建筑。2006年，被列为全国重点文物保护单位。

4.象山石浦福建会馆[6]又称"东门妈祖庙"

石浦镇东门岛上的天后宫创建年月，众说纷纭，一谓建于宋立东门寨时，一谓于元设东门巡检司时，也有说在明洪武间昌国卫迁东门时。考其所用石质称件形制，只能肯定其为清代以前物。该天后宫俗称福建会馆，为福建商所建，供奉天后妈祖，以确保航运安全。闽商通过海运进行南北货物交流，大大促进了明州地区的繁荣。

今门楼栋梁上有"大清嘉庆二十四年（1819年）重修"题识。宫址占地面积约2000平方米，建筑面积1280平方米。整个建筑为穿斗式与抬梁式相结合。

门楼五间，前设石阶九级，山门三洞，双扇厚板门，中门额枋上置"天后宫"匾额。左右两门各书有"护国""庇民"大字。廊柱粗壮，覆盆式柱顶石，高厚古拙，柱对楹联："生于庶民益于贫民恩披黎民；出于湄洲功于九洲惠播神州。"其二为："岛以妈祖秀，一港澄明映日月；人因天妃福，万民款洽辉春秋。"入门为倒座门楼连戏台，台高1.95米，台顶藻井制作讲究，由八块台板拼组而成，中镶嵌圆形铜盆，以收音色圆润洪亮，"绕梁三匝有余音"之效。戏台筒瓦屋面，平缓舒展，翼角翔飞入云，充分显示东方艺术特色。瓦花漏脊，卷尾龙吻，中嵌火焰珠。垂脊塑骑马武将，戏兽危坐。角脊瓦口本为象头，重修时改方孔圆钱，台前悬一联："两副面孔，演尽悲欢离合；一曲越剧，唱醒今古奇观。"耐人玩味。

大殿五开间，五架梁庑殿顶，轩廊卷棚式，梁柱均有各种雕刻、凤凰、牡丹、狮子滚绣球及人物故事，精致美观。殿额枋上悬有"灵昭海国""千秋遗迹""百世蒙庥"等匾额，为民国时邑人任筱和等所赠献。殿前一联："海上扬波，稳渡显拯遐迩；民皆乐业，遍歌母德开源。"其二为："聪颖睿智贞身自强美德实至天；力效公益扶弱贫人仪堪称后。"中堂塑妈祖娘娘立像，神态庄严潇洒，两旁侍立者为千里眼与顺风耳二神。大殿屋面小青瓦，正脊卷尾双龙吻吐水，中镶火焰珠，下塑双鱼游海的吉祥图案，因"鱼""余"同音，寓"年年有余"良好祝愿。脊阳作凤翔牡丹，顶五段式葫芦宝瓶，垂脊端塑二武将。屋脊花墙前后书吉祥祝颂，前书"风调雨顺"，背书"合境平安"，充分表达农业社会"仓廪足而后知礼义"的深意。

5.象山石浦泉州会馆

象山县石浦泉州会馆，重建于清光绪六年（1880年），即现石浦镇东关路72号，目前尚保存了大门后厅堂。

石浦是宁波港中的一个重要港埠，在明清时代许多泉州的船舶经常停泊象山石浦港，通过海运进行南北货物交流。把他们运来的砂糖、谷物、药材、杂货、干果及兴化生鲜、干龙等产品，通过石浦转运到宁波沿海各个商埠，所以旅居石浦的泉商组织了泉州会馆。

6. 象山三山会馆

位于象山县石浦镇延昌社区延昌街100～130号，延昌历史街区是历史文化名镇内涵的重要组成部分之一，1983年因有天妃宫旧址，改称延宫居民区。

三山会馆据建筑的时代风格判断建于清嘉庆间。两门中间墙上嵌有一块石匾额，从右至左阴刻"三山会馆"，楷书体。墙裙用方条石错缝砌筑。

该会馆由福建渔民捐资建造，从中可见石浦地区在东海渔场上的重要位置，也可看到福建民俗对石浦的影响。

此馆取"三山"即福建九仙山、闽山和越王山得名。属闽商会馆旅象山石浦之聚集之所。把闽南的砂糖、木材、生鲜、干果贩运到浙江沿海各个商埠，再把浙江土杂产带回闽南。会馆旧址目前有关方面正在维修中。

三　宁波会馆的特色

宁波城是三江交汇出海之处，地理位置便利，东门口是"万里之船，五方之贾云集"之地，中山路、药行街、江厦街、开明街一带形成宁波最热闹的商圈。位于江东北路的庆安会馆，是浙江省现存规模最大的天后宫。此外，位于庆安会馆相距不远处的安澜会馆，也是同业航海之人聚会和祭祀妈祖的场所，钱业会馆是全国唯一保存完整的钱庄业的

历史文化建筑，还有象山现存的三座会馆，它们不仅体现了宁波历史悠久的地域文化，而且通过会馆的频繁的业务运作，从唐代直到近代，源源不断地把独具特色的宁波地域文化传播到东南亚各国乃至全世界。

1. 妈祖文化

庆安会馆见证着妈祖信仰庇佑民众、教化民众、感动民众的悠久历史，激发着宁波人民的自豪感和自信心，积蓄着开拓创新的精神底蕴。作为中华民族优秀文化遗产之一的妈祖精神一直影响和雕塑着宁波这座历史文化名城的精神和信仰。

宁波地处东海之滨，乃海道辐辏之地，妈祖信俗的民间基础十分雄厚，又为官方首次对妈祖褒扬和倡导的重要之地，系妈祖由民间区域性的神祇，晋升为全国性海神的转折点。近代宁波帮商人，作为城市标志性文化现象，其孕育与发展根源，可追溯到源远流长的城市地域信俗文化。近代宁波帮商人遵奉的开拓、包容和慈善的核心文化精神，与妈祖信俗基本理念一脉相承。也可以说近代宁波帮商人的形成与发展，与浙东妈祖信俗的孕育与传播，有着密切相关的相互依存和水乳交融的关系。例如，妈祖信仰作为一种族群性认同的象征符号，因其在台湾的广泛普及，在当代中国被赋予了不可忽略的重要功能。学界普遍认为，台湾的妈祖信仰最早来自于大陆、并由东渡的闽粤移民传入，已有众多的中外史籍和文化遗迹相佐证。宁波作为妈祖信仰的提升地，除拥有众多信众外，还因象山"如意娘娘"的传说，拉近了与台湾信众的距离，把独具特色的宁波的海神文化与台湾的海神文化紧密联系在一起。随着近代宁波帮商人扩展生意的同时，宁波海神文化妈包括祖信俗文化也跟随他们的脚步到达世界的各个角落，弘扬了宁波的地域文化。

2. 海上丝绸之路文化

宁波市东临大海，自古擅鱼盐之利，唐宋以来，以其天然的地理优势和经济优势成为我国"海上丝绸之路"的重要港口。据《宝庆四明志》记载，是郡"昔有古鄮县，乃取贸易之义……南通闽广，东接倭人，北距高丽，商舶往来，物货丰溢，出定海有蛟门虎蹲天设之险，实一要会也"。各地商人依托宁波港的优越地理环境，开设商号，打造船只，经营货物，繁荣了海上贸易，促进了海上丝绸之路文化的发展和传播。作为我国对外贸易的主要口岸和"海上丝绸之路"的始发港之一。随着港口的发展，"明州"地区，经济繁荣发达，与海外各国尤其是日本和韩国、朝鲜的贸易往来十分频繁，众多的商贾云集于此。

3. 大运河文化

千百年来，大运河一直是我国重要的水利工程，从历史上的"南粮北运""盐运"通道到现在的"北煤南运"干线以及防洪灌溉干流，这条古老的大运河在我国的经济社会发展中发挥了巨大的作用。大运河的千年流淌，给沿线的人们带来了便畅的交流和丰裕的生活，有水就是鱼米之乡，既无灌溉之忧，时而还有鱼虾捕获，大运河就是这样造福了一方百姓。

目前，大运河部分段落还是发挥着作用，被专家们称作是"活态遗产"的古老大运河至今还有着航运功能、输水功能、生态功能及旅游功能等。

三江口是中国大运河的重要组成部分。它把传统意义上的京杭大运河向东延伸了239千米，为千年古运河提供了一条便捷的出海通道。庆安会馆见证了千年浙东古运河宁波段的出海通道，在上海港未开发之前，宁波是中国东南地区的物资集散中心，其地位相当于现在的上海。东门口是"万里之船，五方之贾云集"之地。庆安会馆作为北号商人建造

的商业会馆，其巨大的船运能力，使到达浙东三江口的南货北货有条不紊地通过大运河船舶运输到全国各地。

2014年列入宁波首个世界文化遗产点，助推宁波地域运河文化的发扬光大，引起了许多专家学者的关注，前来考察的相关国内外人士络绎不绝，也带去了浙东运河宁波文化的历史记忆。

四 宁波会馆在中国会馆文化上的价值

会馆是当时地大物博的中国开放与发展的需要，也直接对经济社会的发展起到了相当大的推动作用。作为一种由物品流通需要而派生出来的商业文化现象，会馆文化一方面助推了更广泛、更迅速的开放，另一方面，它又以同乡习俗和文化为基缘，浓缩了一种或多或少的、排他的地域性倾向，即便是当今，世界各地的华人也总是以这种水乳交融的形式来调整和维持自身的外向型姿态，一旦需要，水与乳还是很容易分离的。在文化上，这种特征保持得如此完整和具有很强的生命力，因此会馆文化占据了中国社会发展中交流文化相当重要的位置。

宁波的会馆类型齐全，历史记忆丰富，至今仍发挥着重要作用，在中国会馆文化发展历史上也占有重要价值。

（1）庆安会馆成为宁波首个世界文化遗产点，也是中国会馆的第一个世界文化遗产，使得中国会馆历史和保护进入全世界的视角，开创了历史先河。

中国大运河（Grand Canal）是中国第46个世界遗产项目，是中国古代劳动人民在中国东部平原上创造的一项伟大的水利工程，为世界上最长的运河，也是世界上开凿最早、规模最大的运河。由隋唐大运河、京杭大运河、浙东大运河三部分组成。

2007年9月，"中国大运河申报世界文化遗产办公室"在扬州的揭牌仪式象征着大运河申遗的正式开始。时至一年之后，2008年10月下旬，大运河（宁波段）才被正式纳入大运河申遗的行列。经过国家文物局和浙江省文物局等的多方研究探讨，认为大运河既是沟通中国南北的水上通道，也是连接世界的大通道。而宁波作为大运河的南端出海口和海上丝路的启碇港，具备沟通运河与海路的关键性因素，正式迈入运河申遗行列，而位于三江口东岸的庆安会馆，也正由此被列入申遗预备名单。

庆安会馆拥有得天独厚的地理优势，它门口的宁波港和浙东运河，为中国大运河提供了河海联运、接轨内外贸易的黄金水道与优良港埠，是中国大运河连接世界大通道的南端国门。由商业船帮捐资筹建的庆安会馆，见证了宁波古代、近现代繁荣的海外交通和对外文化交流，是"海上丝绸之路"的重要文化遗存。与此同时，作为我国沿海规模较大的航运行业会馆，庆安会馆也同样见证了历史上浙东地区航运业的发展，是大运河（宁波段）的核心文化遗产。它集运河文化与海丝文化于一体，具有极为特殊的意义和地位。

2014年6月22日，大运河申遗成功，被列入大运河申遗正式文本的大运河（宁波段）"二段一点"中"一点"的庆安会馆也成了宁波首个也是唯一一个遗产点。

（2）"宝顺号"成为创办洋务的先声，在中国会馆发展史上起着承上启下的作用，是近代会馆的标志性事件。

庆安会馆首创购买西方轮船，引起了清廷以李鸿章为首的洋务派官僚的关注。宝顺轮是对宁波港在近代化的道路迈出的具有重要历史意义的一步，意味着宁波港作为古代单纯木帆船港时代的结束，开始了轮船港的新时代，奏响了中国近代采用西方先进技术和创办洋务的先声[7]。

咸丰年初，黄河又一次改道，大运河北段阻塞，长江下游为太平军所据，运河粮道不通。因此漕粮改由海运。然而海道不安全，常常遭到海盗的袭击。宁波商船奉命海道运粮，一般都在春夏交联船北上。虽然有兵船保护，但是海道上常有海盗袭击，扶航的兵船也只是帆船，也要遭到海盗的袭击，情急之下，宁波船帮领袖费伦志等开始商议购买大轮船护航。此事在1854年冬天，经在上海的宁波巨商张斯臧、杨坊的鼎力相帮，集资7万两向外商购得大轮船——宝顺号，这是由民营资本购置的大轮船，开创的不仅是宁波之最，亦是中国之最。此船名震海内外，也引起当时的李鸿章这位洋务大臣的特别关注，大约在1886年，上海商人仿效宁波，也引进了一条轮船。而"宝顺轮"驶入江北岸的轮船码头标志着古老而传统的木帆船时代的结束。

而在国人还在关注宝顺轮之时，英国、美国、丹麦、暹罗（即泰国）、俄国、挪威、瑞典、荷兰、比利英、日本、葡萄牙、西班牙等14个国家的商人筹划着与中国宁波的贸易。1862年，美商旗昌洋行为了开通定班货轮，开始在宁波建造趸船式浮码头；十二年后，招商局又在宁波建造了3000吨级的栈桥式铁木结构趸船码头，差不多同年，丹麦的宝隆洋行修建了华顺码头。

"宝顺号"不仅成为中国创办洋务的先声，而且体现了宁波人十足的"与时俱进，开拓创新，视野宽广，造福桑梓"[8]的地域人文精神，为宁波帮的崛起和兴盛打下了结实的基础。

（3）中国首创的"过账制"成就宁波钱业会馆在中国会馆史上金融雏形的历史地位

据《鄞县通志·食货志》的记载，甬上金融素以钱庄为枢纽，其最鼎盛之时，势力竟凌驾于上海、武汉各埠，掌款达二三千万元。当时资金在六万元以上的大同行有三十六家，一万元以上的小同行有三十余家，几百元以上的兑换庄有四千余家，形成了"无宁不成市"的繁华市场经济和钱业文化。

甬上金融与他处相比有其自己的独创性。首先，其他地方的交易均以现金作为通用的货币，而宁波则不用现金，采用"过账制"；其次，内地和上海通用银两时，宁波早在嘉庆年间就流行银元，比其他各埠要早百年；再次，内地的利率皆按岁月来计算，而宁波因为钱庄遍遍皆是，故独自奉行"日折"。钱业会馆是昔日宁波金融业发展的缩影，它从一个侧面反映了宁波金融的概貌，特别是"过账制"的首创，使得宁波的钱业文化对后来的中国金融文化的发展起着里程碑的价值，对研究我国尤其是宁波的金融发展和贸易史也有重要的作用。

注　释

［1］宁波会馆的资料主要参考和引用黄浙苏、林士民《庆安会馆·宁波商团兴办的会馆》。

［2］民国张传保、陈训正、马瀛等修纂：《鄞县通志》，民国二十二年修，二十六年完成。

［3］黄浙苏、钱路、林士民：《庆安会馆》，中国文联出版社，2002年，35页。

［4］光绪《鄞县志·坛庙·天后宫》。

［5］民国张传保、陈训正、马瀛等修纂《鄞县通志》，民国二十二年修，二十六年完成。

［6］详见《象山会馆调查资料》石浦镇2012年5月。

［7］（清）董沛：《宝顺轮始末》碑记。碑记在庆安会馆。

［8］钱茂伟：《宁波历史与传统文化》，宁波出版社，2007年。

（作者单位：庆安会馆）

宁波元代建筑的探索

林云柯

宁波是我国著名的港口城市，自唐代以来成为我国四大名港（唐为广州、明州、扬州、登州）之一；宋为广州、泉州、明州、登州；元代则为广州、泉州、庆元（明州）三大著名港埠之一。元代建国不到一个世纪，由于时间短，目前在全国保存的遗物、遗迹确实不多，庆元（明州）由于通商贸易的发展，推动了文化的建设，目前宁波市遗留下来的元代建筑遗址有著名的元代广济廊桥、元代阿育王双塔、元代永丰库遗址都是国家级重点文物保护单位。现就上述元代建筑，略作探索研究，望前辈学者指正。

一 独特风格的元代廊桥

廊桥亦称虹桥，为有屋顶的桥，可保护桥梁，同时亦可遮阳避雨、供人休憩、交流、聚会等作用。主要有木拱廊桥、石拱廊桥、木平廊桥等，而奉化广济廊桥（图一）则是石柱桥。廊桥建筑的基本特点：

图一　广济桥全景

第一，坚固平坦的桥面。因为桥面是个台基，有台基才能构筑建筑物，所以对于桥面台基的承重、牢固是首先要考虑的；广济廊桥的桥面使用了特厚的桥面板，厚度5～10厘米，厚的地方达10多厘米。说明匠师们根据廊桥的不同部位如车马道和两边行人道，因使用功能不同，用材要求也不同。

第二，在平坦桥面上构筑廊子。由于廊子是建筑的一种类型（图二），这种廊子应适合桥面的宽度来设计，它的构架（梁架）要与桥面面宽、进深相适应。

图二　广济桥廊屋

第三，桥面的承重能力与廊屋的总体量相适应，这里包括桥梁的基础设计承受力，否则造成桥上建筑与桥体负重不相对称，带有极大的危险性。

廊桥，在中国大地上作为全国文物保护单位不是很多，特别是元代廊桥更是寥寥无几。奉化元代廊桥主要有桥墩、桥面、廊屋三部分组成[1]，与众不同的有如下几个特点。

1. 桥墩建筑

柱式桥墩结构牢固科学。从我们所见到的桥墩一种是用石头叠筑像墙一样的称它为墙式桥墩；另一种像广济桥立石柱为墩，称它为柱式桥墩。这两种桥墩因地制宜，各有利弊。南方因气候雨水较多

的关系，一般河流上置桥都做了墙式的石制桥脚。迎水面则成尖状，以利水流冲击，这种桥脚宁波地区还有遗存也能见到，但它们大多为明清之物。唯独奉化元代广济桥，元代桥墩结构则与众不同，它采用了柱式桥墩，结构科学，颇有创意。

柱式桥墩的特点是：

第一，榫卯连接牢固稳定。柱式桥墩采用六条石柱排成一字（图三），底部以横条石，顶部亦以横条石，条石上下置有卯孔（不穿孔）略有侧角，各条石柱上下以榫卯相连接，这样构成的桥墩可以说安置平稳，十分牢固，因此几个世纪过去了，它们岿然不动。

图三　桥墩特写

第二，可建跨度大的桥孔。桥墩结构，两排石柱是靠桥岸边，流水中竖立三排石柱。这种结构的桥墩与其他石构桥墩对比有它的优点。

①墙式石墩桥。墙式石敦桥常见为一堵石墙，水冲一面做成尖头，这种墙式桥墩，也是浙东地区常见的一种桥墩。但这种桥墩往往建筑时用石块叠筑，没有水泥的时代，则用石灰，其实石灰也是不适用的，所以往往年久变形，石头移位直到坍倒，所以经常要进行检查、修复、加固。平时管理的桥工人员亦经常检查，发现裂缝、移位须得及时的请工匠察看，以免造成隐患，影响桥梁的稳固。

②柱式石墩桥。柱式石墩桥这种桥墩最大的优点是大水、洪水来时，它因为柱式与水的接触面小，

加上每柱有间空，水的阻力小，流水很快泄出，水道畅通无阻。在立石柱排列上中间两根直立，左右两根开始向内倾斜，以增加倾力，使石桥墩增加承重力，以确保安全。这类柱式石墩最大的优点之一，在建桥中，可以采用跨度大的桥孔。

从结构上看柱式墩与墙式墩比较两者优劣就一目了然。墙式，用材大，成本高，柱式根据河面宽窄设计，因地制宜。

③石制桥墩铭文，广济桥东边桥墩柱上还留有"至元二十三年（1286年）岁在丙戌，四月廿九日乙丑，甲时重建""城居沈森辛酉本命三月廿二日未时与家眷等施财舍……"的题刻，还有工匠的姓名："鄞县小溪石匠许诚"（图四）。自这次重修后，虽然以后明清两代均有修葺，但局限在桥屋部分，桥墩仍保留原状。

图四　桥墩铭文

2. 桥面建筑

广济桥的桥面构筑是十分科学的。人们所见到的一般石桥面都比较简单，用长条石铺设，廊桥则用木板铺设桥面为多。广济桥采用了木板桥面，其结构工艺也是十分讲究[2]。

首先，桥面结构科学。为了固定桥面，匠师们不但底部固定，还采用了墩与墩之间使用大树材，每孔三条进行撑住固定，然后在上面置以大材料的地梁10～12根，作为桥面铺设地板的大梁（图五），这种做法在全国木作桥梁中也不多见。这说明匠师们在墩上铺设桥面设计时，主要考虑到安全因素。

图五　桥面与桥墩结构

其二，桥面铺设讲究。在地梁上铺设桥面地板。这种地板比一般家用地板要厚重。由于桥面比较宽，因此桥面地板采用中间厚的材料，以便车马的行驶；两边行人道则桥板较薄。桥顶加盖砖瓦，桥两侧做了保护板，柱与柱中间加长条板凳作为人们休息的座位。

廊屋建筑。为了保护桥梁。在桥面上建筑廊屋（图六、图七），主要的目的为了便利行人，保护桥面。一般木桥没有廊屋的，有了桥屋建造时虽然成本高，但保证了桥面的寿命，亦利于平时对桥面的保养、维修。

图六　桥内梁架

图七　桥廊元代柱础

　　廊桥两侧做了护桥板。这类护桥板，建廊子时，两边都建有护桥板，目的是为了行人过境时有安全感，在古代或近现代，偏僻的山区，往往是人们集市所在地，在桥屋两旁设摊位，进行物资交流买卖，目前像泰仁、文成这些山区县，还保留着这种现象。这些廊屋也像居民住房一样，也是要经常维修的，这对保护桥梁安全，方便行人交通都是十分重要的举措。

　　廊桥横跨在清澈的河面上，上下映辉，气势宏伟，景色优美，不失为元代的佳作。

二　形制独特的元代永丰库遗址

　　元代永丰库遗址[3]，位处宁波城市发展史上占有举足轻重地位的唐宋子城遗址的东南部，子城遗址既是《宁波市历史文化名城保护规划》中划定的九大重点考古区域之一，又是鼓楼公园路历史文化街区的所在地，它东起蔡家弄、府侧街，西至呼童街，南临中山西路，北靠中山公园，现在的鼓楼就是子城的南城门。千百年来位于城中腹地的子城基本格局保持不变，一直是浙东的政治、文化中心和军事重地，唐代刺史府、宋代太守府、元代庆元路总管府、明代的明州卫，乃至宋代的沿海制置使、元代的宣慰使都元帅府、清代的宁绍台道等重要军政衙署机构都坐落在这一区域内。它是宁波历史文化名城的核心和缩影，蕴藏着极为厚重的文化底蕴。因此，从位置上看，永丰库遗址的重要性也非同一般。

　　元永丰库遗址位于宁波市中山西路北侧唐宋子城遗址内（图八）。前身为南宋"常平仓"。是元代宁波的衙署仓储区遗址。南宋庆元元年（1195年），改明州为庆元府，并于子城内设"常平仓""以藉米麦"。元时改为"永丰库"。"差设官攒，收纳

图八　永丰库遗址全貌

各名项断设赃罚钞及诸色课程，每季解省"（《元
至正续志》）。明洪武三年（1370年）更名"宏济
库"。"出纳库四座，以'文行忠信'字为号，今
废"（《成化宁波郡志》）。

2001年9月和2002年3月，宁波市文物考古研究
所两次对其进行了抢救性发掘。永丰库遗址规模较
大，南北长120米，东西宽80米，总建筑面积9600
平方米。遗址以两处单体建筑基址为核心，并有与
之相关的砖砌甬道、庭院、排水明沟、水井、河道
等众多遗迹。

元代建筑基址：是发现保存最完整、最重要的
遗迹（图九、图一〇）。基址大致居中叠压在大台
基之上，平面呈长方形四大开间（图一一），东西
长56.3米，南北宽16.7米，总占地面积940平方米[4]。
关于地坪的构筑，表面已不平整，做了一些处理，
东部与西部的处理方法又有所不同，西部两大间地
坪是在围墙内由下而上的平铺瓦砾层、香灰色土层、
瓦砾层三亚层，厚度分别为0.12、0.18、0.1米，其
中包含物少，以越瓷为主，有盏、瓶、内底泥圈痕
叠烧的粗碗，出少量闽产外刻莲瓣的影青瓷片及南
宋景德镇影青瓷碎片。这种再生的建筑填土中出早
期瓷片应是可以理解的。东部地坪则比较粗糙，只
在原来的黄色台基上堆夹有瓦砾的土，不分层，局
部未经破坏处还能看到夹有1～2层香灰色的薄层

图九　发掘主体建筑

图一〇　露天庭院

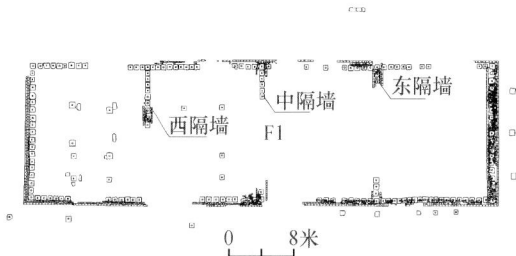

图一一　房基平面图

土。基址东西两边的地坪构筑明显有差别。

四周墙体建筑的砌筑方法尤为奇特[5]：墙体
底部中间紧密排列着方形块石（图一二），块石中
间凿有边长13～16、深5～8厘米的方槽，这些
方槽基石的正面角上尚有可见"一""二""十"
"十一""十八""二十""毛""日""余""本""上"
等刻文。多数为数字，也有表姓和方位等。方槽石
有规律地组成一个长方形的建筑基础。在东西墙清
理出方槽基石（图一三～图一五）的两侧用砖包砌，
部分砖侧面模印或刻划有铭文，其中也有"官"字款，
表明所烧之砖乃专供官府使用。砖墙宽达1.3～1.4
米，残存最高6层，约0.36米，砌筑整齐，墙体内
填充碎砖瓦和素土。基址内部被间距13.7米的南北
向三道隔墙分为四大开间，是按阳数分的。这与中
国建筑分间多数成单有明显区别。作为单体建筑，

图一二　山墙基础

图一三　东山墙南端

图一四　东山墙北端

图一五　西山墙局部

它规模大，跨度大，很有特色，从而为我国古建筑史的研究提供了宝贵的实物资料。隔墙筑法与东墙一致，宽1.2～1.3米。另据西部保存较好处推断，每一大间中还用几块方槽基石较有规律排列，应以梁架区分为三小间。出土可复原各类文物800余件，是宁波市历史上规模大、成果丰硕的一次城市考古发掘。

中国考古学会理事长、中国社会科院考古研究所原所长、研究员徐苹芳，中国工程院院士、中国建筑研究院历史研究所教授付熹年，原全国人大常委会委员、浙江大学教授毛昭晰等鉴定认为：

第一，仓库基址全面揭露。此次考古揭露出的仓库基址，经考证是史料中记载的元代永丰库，它建在南宋"常平仓"的基址上，主要职责是收纳各色课程和断没赃罚款，是我国首次发现的古代地方城市的大型仓库遗址，其单体建筑宏伟、布局完整、功能多样，为我国在仓储类建筑的研究提供了极为重要的实例。古人云："仓廪实而知礼节，衣食足而知荣辱"（《管子·牧民》），仓储制度在历朝历代都是作为关系国计民生的大事。但是到目前为止，经考古发掘或现存的仓储类遗址屈指可数，最主要的有隋唐时期位于东都洛阳的全国最大的粮仓——含嘉仓（城），战国时期洛阳的仓窖遗址，汉长安城未央宫三号建筑（武库）遗址以及清末时建造的陕西朝邑南寨村用于存放粮食的"义仓"等。

虽然这些仓储遗址有的整体规模较大，但就个体而言多数为小型的仓窖或粮仓。

第二，元代遗迹的重大突破。此次考古发掘在宁波历史文化名城核心区，揭露了有关元代庆元路遗址的内涵，并找到了元朝都元帅府的物证，确定了都元帅府的位置及其与南宋衙署的关系，为研究古代宁波城市格局提供了重要资料。元代是相继灭了西夏、金、南宋之后建立起来的统一政权。从1271年建立至1368年被明朝所灭，仅仅统治了97年，在上下五千年的中国历史中昙花一现。虽然在北方保存了较多的元代遗存，但在浙江乃至整个江南地区，能反映元代的文化遗址寥寥无几，而该处却发现了如此大规模的元代遗迹，不能不说是南方宋元考古学的一次重大突破。

第三，重点揭露永丰库基址。永丰库基址出土的建筑遗迹构造独特，反映出元代仓库的构造特点，是我国新发现的古建筑构造实例，对中国古建筑史的研究具有重要价值。

第四，遗迹出土物印证。宁波从古至今一直是重要的港口城市，海洋文化特征显著，举世瞩目的"海上丝绸之路"中曾经有过连绵不断的辉煌。永丰库遗址中出土了大量国内众多著名窑口的瓷器等遗物，充分反映了古代宁波在对外交通贸易的重要地位，对研究中国海上交通史和"陶瓷之路"具有特别重要的价值，也为宋元对外贸易港口城市保存了一处无可替代的历史遗迹，再次续写了"无宁不成市"的东方神话[6]。

永丰库基址的发现、发掘，为确认宁波为我国元代第二大对外贸易港口城市在考古学上提供了重要实据。2003年4月被国家文物局评定为"2002年度全国十大考古新发现"。2006年6月被国务院公布为第六批全国重点文物保护单位。

三　罕见的元代双塔

塔是一种在亚洲常见的，有着特定的形式和风格的中国传统建筑。最初是供奉或收藏佛骨、佛像、佛经、僧人遗体等建筑，称"佛塔"。14世纪以后，塔逐渐世俗化。

随着佛教传入中国的窣堵坡与中土的重楼结合后，经历了唐宋元明清各朝的发展，并与临近区域的建筑体系相互交流融合，逐步形成了楼阁式塔、密檐式塔、亭阁式塔、覆钵式塔、金刚宝座式塔、宝箧印式塔、五轮塔、多宝塔、无缝式塔等多种形态结构各异的塔系，建筑平面从早期的正方形逐渐演变成了六边形、八边形乃至圆形，其间塔的建筑技术也不断进步，结构日趋合理，所使用的材质也从传统的夯土、木材扩展到了砖石、陶瓷、琉璃、金属等材料。在建筑学层面，塔是一种非常独特的东方建筑，其体量高大用料多样，在不同的地区地质条件不同，建塔技术也不同，对塔的建筑学研究涉及了材料力学、结构力学、土壤学、地质学等诸多方面。

目前浙江省内元代双塔只有鄞州区阿育王寺的东西两塔了。特别是双塔制的遗存确实不多了。此塔一般都称"般若塔"均为元至正二十五年（1365年）重建的仿木结构砖塔。

元塔根据地理风水，上塔选建在育王山岗上（图一六），下塔则建在大殿池西侧，上下两塔光辉夺目，整个庙宇建筑群相互烘托，浑然一体。

塔为砖砌的仿木构建筑。分为地宫、塔基、塔身与塔刹组成。塔有七层，高37米。台基呈六角形，有规律的收缩，并建有廊子，塔门朝东。逐级向上，分明暗层，明层开有窗，暗层正处于叠涩的平台与

图一六　元上塔

外伸的塔檐,塔檐由砖木结构的四朵斗拱组合承重,配有出檐的檐枋、椽子等。每层六面均有砖砌窗,窗为拱顶,可以出入,为防游客安全,目前壶门作了半封闭式。塔顶为砖砌成伞状,穹隆顶,塔刹为葫芦宝瓶并有分色。简要情况分述如下:

①地宫与塔基。阿育王西塔与东塔。现以西塔为例,西塔塔基是建筑在一个牢固的地坪上,塔台基平面呈六角形,底层设有廊子,出檐。梁架每间都用四组斗拱、昂,组成出跳,塔门置于东向,可进入底层。地宫目前用石板封住,成为一层的石构地坪。

②塔身。塔心为砖砌塔,外配以木构斗拱、昂及塔檐,层层按比例收缩,逐级至塔顶。塔身每层设有平台,在平台下置每层塔檐。塔身在建造平台或出檐时从上到下都采用了叠涩建筑法。叠涩建筑法的优点,从塔身建造时,开始向每边(六角形)叠涩出檐,以承受上面叠涩的塔檐,并在其顶端建平台。在平台之上塔面建佛龛,顶部有四朵砖木结合的斗拱、昂;以承受上面叠涩的塔檐与平台。这种做法,所不同的只是尺寸逐步缩小,结构完全相同。

在叠涩平台中亦采用了与砖一样规格的木筋,穿过塔壁加以固定,确保平台的稳定与坚固。

塔身戗角。在每层叠涩塔檐的转角处,均采用了戗角过渡。戗角系用木头构筑,下承转角铺作,上联塔檐屋面与起翘的砖质戗角相连接,组成壮观的出檐。

塔身塔壁外观。从下到上,每层根据塔的尺度,逐级递减,保持了塔身的稳固、匀称。

③塔檐。塔檐的构筑完全采用叠涩法,转角处使用了转角昂连接,由于砖木结构,斗拱进行横向连接,昂通过塔内壁进行纵向连接,通过这样的纵向与横向连接,把整个塔身像桶体一样箍牢,实际上加固了塔身。在叠涩的塔檐中采用了定位的木筋,通过塔壁固定,增加叠涩外跳檐的牢度,保证了塔身的安全。

④塔顶结构。塔顶从上到塔檐,檐呈六角形,屋面斜陡,流水畅通。在顶部安置宝瓶葫芦。顶内部构筑为叠涩的穹隆顶,因此叠涩的砖砌部分都能看到盘旋而上至顶部,这类结构的塔顶与其他结构相搭接的塔顶相对比较牢固。

在维修中发现多处有"至正二十五年造""元至正二十五年"铭文砖,砖均为阳文。目前在塔内壁尚露有铭文砖,供人们观赏考析。对于塔的结构发现了不多见的砖木结构的建造方法。在每一层中,都用了方形木材,我们称它为木筋,因为它像人的筋脉一样互相拉牢,使塔身坚固,而这些筋木都与出檐的檐口木构相连接,这样做不但加固塔身,而且对六边出檐的塔檐负有承重的功能,以保证出伸塔檐的安全。这种做法在砖木结构塔中实不多见。

元塔的每层壶门,原来都置有元代的佛像,这些佛像都是泥塑好后,经过烧制成为砖质佛像,目前尚留有元代佛像,是极为珍贵的元代文物。

注　释

［1］宁波市文物考古研究所：《宁波揽胜》，宁波出版社，1996年，40页。

［2］根据实际调查考察分析总结得出结论。

［3］宁波市文物考古研究所：《永丰库——元代仓储遗址发掘报告》，科学出版社，2013年，139页。

［4］根据宁波市文物考古研究所发表的资料。

［5］宁波市文物考古研究所：《永丰库——元代仓储遗址发掘报告》，科学出版社，2013年，140页。

［6］宁波市文物考古研究所：《永丰库——元代仓储遗址发掘报告》，科学出版社，2013年，139页。

（作者单位：宁波市保国寺古建筑博物馆）

基于观众满意视角下的纪念馆建设初探
——以余姚王阳明故居基本展陈为例

沈娟娟

作为公益性文化机构，名人纪念馆的价值主要是通过为社会公众提供服务而实现的。纪念馆展陈设计是否成功，很大程度上取决于观众的参与度和满意度，这需要纪念馆管理者对观众的期待和参观体验有更加深刻的理解。

一 故居纪念馆现状

余姚王阳明故居纪念馆地处龙泉山北麓、武胜门西侧，从北朝南，平面呈长方形，占地面积5000多平方米，在建筑设计和营造上反映出明代浙东官宦建筑用材粗壮、气势恢弘、结构严谨的典型特点。整个建筑群由南往北沿中轴线依次为门厅、轿厅、仪门、大厅、瑞云楼、后罩屋，东西各有配房，其中瑞云楼是纪念馆的主体建筑，五间二弄，硬山重檐，建筑面积532.56平方米。现存故居并非明代建筑，乃是后世寿山堂[1]基础上进行重修的，但主体格局未有大的改变。按照各建筑单体的功能，故居纪念馆内现布置有"王阳明生活场景复原陈列""真三不朽——王阳明生平事迹陈列""一脉良知——王阳明弟子生平事迹陈列""知行天下——全球视野下的王阳明及其学说"四个主题陈列。2006年，余姚王阳明故居被国务院公布为国家级重点文物保护单位，并于2007年4月27日正式对外开放。

二 以"观众为中心"的纪念馆陈列展示工作

王阳明故居纪念馆的陈列展示工作围绕以观众的社会教育和公众服务理念展开，始终把观众放在主体和中心位置，主要体现在：

1. 力求展陈形式与内容的统一

名人纪念馆作为公共文化教育机构，承载着历史文化的深刻内涵，在突出主题和特点的同时，专业性不能太强，防止观众感到枯燥乏味。明成化八年（1472年），著名哲学家王阳明诞生于故居内的瑞云楼，并在此度过了童年和少年时代，后又多次返乡祭祖、讲学、探亲。正德十六年（1521年）九月，王阳明重访瑞云楼，"指藏胎衣地，收泪久之，盖痛母生不及养，祖母死不及殓也"[2]。为了突出王阳明眷恋故乡故宅的情愫，纪念馆内布置了"王阳明生活场景复原陈列"（图一），以清代、晚清实木家具的展示方式，复原陈列了古代文献记载及明代浙东风俗的生活场景，充分展现了王阳明童年时代余姚书香门第大家庭的日常生活环境，烘托其宁静、融洽的家庭氛围。

图一 王阳明出生处

2. 营造意境，力求引起观众触动

名人纪念馆在展陈设计时加强情景营造，目的是在于通过宏观环境烘托，使观众更加深刻地体会展品背后的故事。据《王阳明年谱》记载："嘉靖六年九月初八，德洪与畿访张元冲舟中，因论为学宗旨。……是夜时分，客始散，先生将入内，闻洪与畿候立庭下，先生复出，使移席天泉桥上。"[3] 其弟子钱德洪和王畿以"四句教"请教先生，先生曰："二君已后与学者言，务要依我四句宗旨：无善无恶是心之体，有善有恶是意之动，知善知恶是良知，为善去恶是格物。"[4] 故居纪念馆的后罩屋内塑造展示"王阳明师徒对话——天泉证道"的场景，以雕塑直观的形式巧妙地将景观、多媒体技术与陈列主题相结合，变抽象为直观，还原嘉靖六年王阳明奉命出征广西前夕，在绍兴天泉桥碧霞池旁与钱德洪、王畿两位弟子讨论他晚年心学宗旨的历史场景，从而引起观众在视觉、听觉等方面的触动，形象体验"天泉证道"的哲理意境。

3. 关注社会发展，力求满足观众需求

名人故居不只是建筑意义上的存在，它对于一座城市具有传承文脉和教育的功能。王阳明故居纪念馆作为反映余姚历史文化的重要展示场所，已经成为观众了解王阳明、学习阳明精神与当今社会现实意义的窗口，因此在对外宣传教育中更加关注社会发展和观众的需求。近年来，故居纪念馆努力探索对外拓展宣传、紧跟社会形势的方法和途径。如为了紧扣当今社会廉政建设的主题，故居纪念馆充分挖掘、归纳了王阳明廉政思想方面的行为，编制了"王阳明廉政思想"流动版面和"吾心自有光明月——王阳明廉政思想篇"宣传册，重点介绍王阳明在修身、为官、为民等方面的廉政思想，并深入

到厂矿、学校广为宣传；2013年编辑出版的《王阳明廉政思想和行为研究》一书，全书概括提炼了王阳明心学中的廉政思想、为官治吏的反腐举措和为人处世的高尚品格，并指出其廉政思想与行为对当前反腐倡廉建设的借鉴意义和局限，更是我市"汲取古代廉政文化精华，服务当代反腐倡廉建设"的具体表现；2015年，余姚市开展了王阳明家规的研究，对王阳明的传统家规思想和姚江王氏的家规传承进行了梳理和挖掘，并在王阳明故居内进行了《王阳明·姚江王氏家规"三字经"》的专题片拍摄；再如由设在故居纪念馆内"国际阳明学研究中心"主办的国际阳明学术研讨会，更是将余姚王阳明、王阳明故居纪念馆的知名度扩展到了海外。纪念馆自2010年免费开放至今，已接待包括美国、日本、韩国等地的海内外游客40余万人次，获得了巨大的社会效益。

三 目前存在的问题

王阳明故居从20世纪80年代始，经余姚市政府持续投入巨资，按照不改变文物原状的原则，对故居实施整体修缮。修缮中，设计师参照古文献《瑞云楼记》等所述，尽力恢复故居的历史面貌。故居纪念馆开放至今，从内部展陈和对外宣传上虽取得了一定成绩，但也存在一些问题，主要表现为：

1. 高价值展品缺乏

名人纪念馆作为一个社会教育机构，向观众提供真实展览，传播真实信息已经成为纪念馆展陈设计时应遵循的重要观点和原则。名人纪念馆的真实性是由物品真实、内容真实和形式真实所构成的有机综合体，其中物品真实是整个展陈真实性的基础，主要体现在展品的实体性和原真性。目前王阳明故居纪念馆内展示的一些明代普通百姓使用的石碾、

石磨，以及日常的生活用品等是通过社会征集方式征集的，并非王阳明及其家人当年居住时所使用过的原物。另外由于纪念馆本身都是古建筑，展柜的存放包括温度、湿度、光线的调控，以及安保、监控都不及综合性博物馆，出于安全因素的考虑，展示过程中比较多地使用了复制品替代展品原件的办法，如在"王阳明生平事迹陈列"展厅展示的一幅名为《寓赣州上海日翁书》的手札，是王阳明于明正德十三年（1518年）四月初十于江西赣州写给父亲王华（海日翁）的家书手札，展示的是复制品。该手札原件馆藏余姚市文保所（图二），据资料称："原件为纸质，纵48.5、横25.7厘米"[5]，后有自

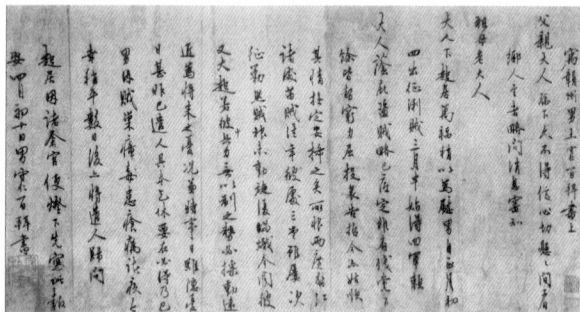

图二 《寓赣州上海日翁书》

康熙至现代的名人沈尹默、张宗祥、马一浮、沙孟海等人题跋、题识，弥足珍贵。而展示的复制件隐去了名家的题跋部分，只展示家书原文。此外，展厅展板上展示了王阳明《客座私祝》的局部手迹影印件，该手迹是王阳明于嘉靖六年（1527年）八月，奉命入两广临行之际，将书院的教育重任交予门人钱德洪和王畿暂理，并特意撰写了此文，真迹亦是余姚市文保所馆藏珍品（图三）。据资料记载："《客座私祝》真迹为纸质，纵44、横36厘米，共22张，其中两张为跋，封面和封底以缂丝加框制成，缂丝纵41.2、横34厘米。"[6]复制品和原件相比，无论在表达王阳明当时所处环境下产生的情感，还是

图三 《客座私祝》局部

表现当时所触发的灵感都是大不相同的，同时也降低了展品的说服力。

2. 陈列展览缺乏创新

随着时代的进步，社会对名人故居纪念馆有着更高的期待和要求，纪念馆的可持续发展必须打破传统展陈方式，从而向现代化方式转变，即所谓的创新。只有充分调动现代想象思维，充分利用高科技手段，在展示空间、展示手段和展示色彩上下工夫，才能打造出使现阶段观众满意的文化产品。目前王阳明故居纪念馆的陈列展示手段基本是以图片配以文字说明或解说的传统展示形式，基本陈列展示无法满足观众深层次的精神需求。此外在利用古建筑的色调及结构特点，通过色调、声音和造型来营造氛围的展示手法上还有待进一步的完善。

3. 名人思想还需深入研究

王阳明心学是学术起点较高的学科，王阳明思想是在当时的思想环境、社会环境以及特定的文化语境之中，以在儒、释、道各种思想中辛苦穿行、拨乱反正的方式，以寻道的坚韧和对道的执著中产生的，况且他的思想表述语境涉及当时所有的学问。王阳明首徒徐爱在《传习录》卷首引言中说："爱朝夕炙门下，但见先生之道，即之若易，而仰之愈高；见之若粗，而探之愈精；就之若近，而造之愈益无穷。十余年来，竟未能窥其藩篱。"[7]明代的学者尚且如此，而已完全失去了明代语境的现代普通观众更是由于知识层次、文化水平的差异，造成对阳明心学难以解读的情况。目前故居纪念馆虽

开辟四个陈列展览，也不能全面阐释王阳明的实学思想，因此在陈列展示时还需要使用更多的现代辅助设备，情景式再现王阳明寻道的经历，用通俗化的语言拉近阳明心学与观众的距离。

四 几点思考

1. 名人文化的再挖掘与释放

免费开放之后，纪念馆要考虑更多的是如何为观众提供满意的文化产品，如何长久地吸引公众的目光。毕竟，当观众"猎奇性"的参观浪潮退却之后，能持续吸引观众的只能是纪念馆的文化表现力、文化感染力和文化魅力。名人纪念馆在深入挖掘名人思想的内涵时，应将人物放在更大的历史长河中进行考量和研究。王阳明思想曾一时被误读、误解了几百年，清代的御用学者更视王学为异端。事实上，王阳明所到之处，讲学活动不断，但反观在明代受过阳明先生教益的一些地方至今经济、社会仍不发达，也说明当地理解阳明思想只是末学肤受。蔡仁厚先生在《王阳明哲学》自序中说道："阳明讲学的宗旨是'致良知'。但致良知不是一句言谈，亦不是一种论说，而是真切的道德实践工夫。……这套学问源远流长，而包含的义理亦极为渊深宏博，发展到阳明的良知之学，更达于精微透彻的境地。"[8]因此故居纪念馆首先要加强对阳明学的学术研究工作，为阳明先生"正本清源"，把真实的王阳明思想呈现出来，并弥补王阳明心学在其故乡余姚失传的遗憾；其次，拓宽藏品的征集渠道。在继续运用传统藏品征集方式的基础上，可采用网络征集的方式，从而不断征集能充实馆藏空白和有收藏陈列价值的文物资料；最后，强化地域特色，吸引公众的参与。在社会宣传和人文教育方面，不

是抽象的说教，而是让人们熟知本地的历史，贯穿教育的始终，因此名人纪念馆要更多地吸引本地观众参与到展陈设计中来，请观众为纪念馆的展陈提出建议或是提供帮助，这也是纪念馆真正体现为人服务的宗旨。

2. 纪念馆在创新思路，与观众互动性方面

所谓创新，就是要抢抓机遇，将原有的场馆建设成为水平一流的大馆，从而建立起立体和多元化的、独具特色的展示体系。依靠展品特色拓展展示空间，增加动态展示系统，如采用多媒体演示系统、幻影成像技术、电子屏查讯等高科技产品；或是开通纪念馆官方微博、二维码导览、微信语音导览和虚拟三维展厅、数字纪念馆等方式，将王阳明先生的著作、手稿、遗墨等启用数字化扫描，通过技术分析建立起藏品与学术研究成果之间的内在联系。观众通过智能手机扫描实物展品说明牌上的二维码，现场获得关于实物藏品的图文信息，甚至音、视频信息，以及国内外对阳明心学的研究情况和相关著作的介绍等。此举可避免展品原件在展示过程中的安全和保管问题，同时也为展品的真实性提供了理论支撑，提高观众的参与意识。

3. 健全配套服务，增加展示的亲和力

展陈设计要使观众满意，更应关注观众的需求，需求决定设计方向，将过去陈列设计以单向传输或仅强调欣赏而忽视释惑的手法，改变为与观众双向平等的交流型陈列设计，用尊重观众的心态去定位每一个陈列设计思路，使陈列方式贴近生活，贴近大众。在纪念馆的参观区内设立指路标识，旅游公厕，美化绿化环境，营造优美、舒适的参观环境。纪念馆中展具的摆放，包括休息椅、空调的设置应安放到位。在参观路线的设计上，还应尽量采用最

短最有效的路径，避免重复绕道给观众造成疲劳。在光源设计上，古建筑大多沉稳、庄重，照明光源的色温不宜过高，应以暖色调为主，色彩不宜过多，不应有溢散光，以免给观众造成视觉疲劳。此外，合理设置安全疏散口可以确保参观质量，设置与馆内展陈内容相配套，可供观众拍照留影、深度接触的区域，以及残疾人通道的配置等都是增强亲和力的具体表现。

名人纪念馆的陈列只有始终把观众放在主体和中心位置，才能适应时代发展的要求。这是社会进步的标志，也将成为名人故居纪念馆一切工作的出发点和归宿。

注　释

［1］寿山堂，清朝中期建筑，桥梁专家叶樊（字季卫）所建。

［2］吴光、钱明、董平等编校：《王阳明全集·年谱二》卷三十三，浙江古籍出版社，1291页。

［3］吴光、钱明、董平等编校：《王阳明全集·年谱二》卷三十三，浙江古籍出版社，1317页。

［4］吴光、钱明、董平等编校：《王阳明全集·年谱二》卷三十三，浙江古籍出版社，1318页。

［5］鲁怒放：《王阳明〈寓赣州上海日翁书〉》和《客座私祝》，《东方博物》，第二十七辑，78页。

［6］鲁怒放：《王阳明〈寓赣州上海日翁书〉》和《客座私祝》，《东方博物》，第二十七辑，83页。

［7］吴光、钱明、董平等编校：《王阳明全集·语录一》卷一，浙江古籍出版社，1页。

［8］蔡仁厚：《王阳明哲学》，九州出版社，2013年，自序，1页。

参考书目

蔡海山：《创新革命纪念馆展览展示的几点看法》，《福
　　建党史月刊》2012年第18期。

蔡仁厚：《王阳明哲学》，九州出版社，2013年。

陈哲：《论历史博物馆展览的真实性》，《浙江大学》硕
　　士论文，2009年。

鲁怒放：《王阳明〈寓赣州上海日翁书〉》和《客座私
　　祝》，《东方博物》第二十七辑，浙江大学出版社，
　　2008年。

吴光、钱明、董平等编校：《王阳明全集》，浙江古籍出
　　版社，2001年。

吴琼、闫英林：《人物纪念馆展陈设计初探》，《室内设
　　计与装修》2006年第12期。

徐信：《嘉兴的名人故居及陈列展示》，《中国文物报》
　　2013年4月17日8版。

朱熠：《浅谈博物馆基本展陈中如何体现以人为本》，
　　《博物馆藏品保管学术论文集》，2004年。

（作者单位：余姚市文物保护管理所）

沈光文寓台诗文价值探析

范光花

沈光文（1612~1688年），字文开，号斯庵，晚年自号宁波野老，明清际宁波鄞县栎社沈光村（今星光村）人。他是陆象山门人沈焕后裔、明代万历中首辅沈一贯族孙，明末著名哲学家、杰出爱国学者刘宗周、黄道周弟子。

沈光文于明天启七年（1627年）16岁时考中秀才，崇祯三年（1630年）又中浙江乡试副榜。崇祯九年（1636年）因为精通儒家经书进南京国子监读书。1645年南明弘光政权覆灭，清军攻占南京，浙东义师在钱肃乐领导下慷慨北上，守卫钱塘江。沈光文于此时也奉捧鲁王抗清，被授予太常博士，参与钱塘江划江之役。1646年，清兵攻陷绍兴，沈光文随鲁王入闽，晋升为工部郎中，在金门继续抗清，后相继奔波于浙江、福建、广东之间，作鲁王与郑成功之间的联系人，又奉桂王朱由榔之命，监督郑鸿达之师。清福建总督李率泰"密遣使以书币招之"，他愤而"焚其书，返其币"，"时粤事不可支，公遂留闽，思卜居于泉之海口，挈家浮舟过围头洋口，飓风大作，舟人失维，漂泊至台湾"。

从至台湾，到清康熙二十七年（1688年）去世，沈光文在台湾生活了三十多年，这三十多年他在台湾文化史上的贡献非同寻常，给后世留下的著述有：《台湾舆图考》一卷、《草本杂记》一卷、《流寓考》一卷、《台湾赋》一卷、《文开诗文集》三卷，被后世尊为台湾孔子、开台先师、台湾文化初祖。

沈光文在历史上并不是一位有名的诗人，然而，由于他为大陆最早来到台湾的士大夫，在台湾原住民中致力于中华文化的传播，因而其诗文对于海峡两岸具有特殊的研究价值。主要体现在：叙事状物诗具有历史文献价值；历史典故诗具有传承文化价值；托物言志诗具有审美教化价值；家国情怀诗具有时代需要价值。

一 叙事状物诗具有历史文献价值

沈光文一生经历明、荷、郑、清四个时期，来台后三十年又"见延平三世盛衰"，这种特殊的人生际遇，使沈光文诗歌不仅成为作者个人抒情言志的载体，也成为特定时代桑海之变的真实记录，从而具有了鲜明的诗史特征。诚如浙东史学大家全祖望所言："太仆之诗，称情而出，不屑屑求工于词句之间，而要之原本忠孝，其所重，原不只在诗，即以诗言，亦多关于旧史。"[1]全祖望还在其《沈太仆传》写道："公居台三十余年，及见延平三世盛衰。前此诸公述作，多以兵火散佚，而公得保天年于承平之后。海东文献，推为初祖。""所著《花木杂记》《台湾赋》《东海赋》《檨赋》《桐花赋》《芳草赋》、古今体诗，今之志台湾者，皆取资焉。"[2]

沈光文作为最早由大陆来台湾的缙绅，他在台湾所作的诗文，真实地反映了郑氏家族三代的盛衰以及台湾初辟时期的风土人情，成为研究大陆早期来台先民之生活情形的重要材料。正因如此，他被尊为"海东文献初祖"。康熙间台南第一任诸罗知县季麟光也充分肯定了沈光文叙事状物诗文的历史文献价值："从来台湾无人也，斯庵而始有人矣；台湾无文也，斯庵来而始有文矣。斯庵学富情深，雄于辞赋，浮沉寂寞于蛮烟瘴雨中者三十余年，凡登涉所至、耳目所及，无巨细皆有记载。其间如山水、如津梁、如佛宇、僧寮、禽鱼、果木，大者纪胜寻源，小者辨名别类；斯庵真有心人哉！"[3]

沈光文除了在其《台湾舆图考》《台湾赋》《檨赋》《桐花赋》中详细记载了台湾的幅员道路、历史沿革、气候物产、风俗民情之外，还在《番柑》《番橘》《椰子》《释迦果》《番妇》等诗歌中真实地表现了台湾的风物民俗。除了这五首专门描写台湾风物的诗作外，沈光文的其他诗作中也经常呈现出台湾的独特风情与地域特色，如台湾草莱初辟时"民习耕渔因土瘠"（《思归》其五）的经济形态、"入山地近区南北"（《别顾南金》）的地理状貌、"南种悉珍奇，目所未经睹"（《看菊》）的花卉奇种等。仅从《晓发目加湾即事》《发新港途中即事》《至湾匝月矣》等诗题中，就能令人感受到一种扑面而来的台湾风情。沈光文这类有关台湾地理风物的诗歌，真实地反映了17世纪下半叶台湾初辟时期的风物出产以及原住民的生活形态，具有弥足珍贵的历史文献价值。如《番柑》《番橘》（《诸罗县志·沈文开杂记》）描写台湾柑橘的形状、颜色、味道等。

《番柑》云：

种出蛮方味作酸，熟来包灿小金丸。

假如移向中原去，压雪庭前亦可看。

《番橘》云：

有番橘出半线诸山，树与中原橘异。

大如金橘，肉酸，皮苦，色黄可爱。

枝头俨若挂繁星，此地何堪比洞庭。

除是土番寻得到，满筐携出小金铃。

沈光文还在登山问水中有意识地观察并且以诗文记录："其间如山水，如津梁，如佛宇神祠，禽鱼果目，大者纪胜寻源，小者辨名别类。"（季麒光《题沈斯庵杂记诗》）这类诗既有文学价值，又有文献价值。诗人以朴素真诚的语言歌咏台湾的物产：番柑、番橘，显得平易近人，亲切可感。

又如《番妇》描绘了17世纪台湾妇女涂黑齿的风俗，颇具民俗文献价值："社里朝朝出，同群担负行。野花头插满，黑齿草涂成。赛胜缠红锦，新妆挂白珩。鹿脂搽抹惯，欲与麝兰争。"

二　历史典故诗具有传承文化价值

善用典故就是沈光文诗歌非常突出的艺术特点。典故是指诗文中引用的古代故事和有来历出处的词语，中国历史悠久，文化丰厚，社会生活中各种现象一般都可以找到相关典故。

适当运用典故可以增大诗词表现力，在有限的词语中展现更为丰富的内涵，可以增加韵味和情趣，也可以使诗词委婉含蓄，避免平直。

在沈光文存世的一百余首诗中，共有58首诗用典，占全部诗作的56%，所用典故（包括事典和语典）共计135处。沈光文诗歌中的典故来源丰富，经史子集无所不涉：源自《诗》《书》《孟子》《左传》等经部典籍的典故达18处；源自《国语》《战国策》《史记》《汉书》《后汉书》《三国志》《晋书》等史部典籍的有69处；源自《老子》《荀子》《列子》《庄子》《世说新语》等子部典籍的有19处；源自《楚辞》《陶渊明集》等集部的有29处。显而易见，沈诗中来自史部的典故最多，占所用全部典故的51%。这些典故多取诸唐之前的正史，从数量上看，取自《史记》的最多，有28次；其次是取自《晋书》的典故，达12次[4]。

沈光文诗歌通过对典故的娴熟运用，自然贴切而又含蓄地表现了明清之际遗民诗人复杂深沉的思想感情，赋予了诗作古雅凝重、沉致深婉的审美风格，也折射和映照出作者本人崇高峻洁的主体人格之美。典故本身是一种深厚的民族文化的沉淀与结晶。在异族入侵、华夏文化遭受巨大破坏与摧残的历史背景下，在被荷兰殖民者占领38年后几乎还是一片文化荒漠的台湾，沈光文对中华民族源远流长的文学形式——古典诗歌的创作，对最具民族文化特征的艺术技巧——典故的成功运用，从更深层的意义上说，是作者民族情感与爱国精神的深层表现，亦是对中华文化传统的维系与传承。

沈光文诗歌在诗文中用典，主要传承三种中华民族文化精神：第一种是坚守气节、不屈不挠的忠贞文化精神。沈光文生逢明清易代之际，始终以忠义气节自许，所谓"冠裳不可毁，节义敢轻删"（《隩草》其五）。故此，其诗作中出现最多的历史人物就是伯夷、叔齐等守志不阿的形象。如"远寄西山耻，重将南渡尤"（《隩草》其七）、"采薇思往事，千古仰高踪"（《感怀》其二）等；第二种是安贫乐道、卓立特行的高士文化精神。沈光文一生"不戚戚于贫贱，不汲汲于富贵"，当年在大陆抗清时就曾拒绝闽督李率泰的招徕，有"焚书返币"之举；来台后又坚辞姚启圣的征召。尽管他与家人经常处于饥饿的威胁之下，但他却始终以"也怜婆空嗟无告，犹欲坚持冰雪操"（《己亥除夕》）自励。历史上那些安贫乐道的仁人高士，成为沈光文坚守道义、战胜贫窭的精神力量，于是沈光文诗中便屡屡出现与袁安、管宁、严光、范冉等穷且益坚的历史人物有关的典故，如"居辽当日管，卧雪此时袁"（《隩草》其四）、"蓬蒿老仲蔚，卜亦卖成都"（《感怀》其四）等；第三种是临危受难、矢志报国的英雄文化精神。沈光文不满南明小朝廷的羸弱与内讧，期盼着有诸葛亮、谢安那样的人物出现以扭转乾坤、重整河山。因此，他的诗中经常出现历史英雄人物包括荆轲、张良、鲁仲连、诸葛亮、祖逖、谢安、李泌等典故。以荆轲为典，如"草咎张椎误，兼之荆剑疏"（《寄迹效人吟》其二）等；以张良为典，如"一自椎秦后，同人在海山"（《隩草》其五）、"未伸博浪志，居此积忧忡"（《隩草》其十）等；以鲁仲连为典，如"蹈海苦不死，患难徒相随"（《大醉示洪七峰》）、"敢令鲁连深自耻"（《移居目加湾留别》）等；以诸葛亮为典，如"南阳高卧稳，罔识世途艰"（《隩草》其五）等；以祖逖为典，如"起舞徒虚事"（《寄迹效人吟》其六）、"古来击楫更谁同"（《己亥除夕》）等；以李泌为典，如"得兴灵武业，谁作李长源"（《隩草》其四）等。

三 托物言志诗具有审美教化价值

托物言志是古典诗词中常见的一种表现手法。所谓托物言志，也称寄意于物，是指诗人运用象征或起兴等手法，通过描摹客观上事物的某一个方面的特征来寄托、传达作者的某种感情，抱负和志趣，或揭示作品的主旨。

沈光文多以自然之物为其所咏对象。傲霜之菊、清傲之鹤、孤贞之竹、孤鸣青蛙等，这些审美意象无不寄托了其内心深处自我情感抒发的需求，表现出鲜明的人格精神和个性特征，颇具审美教化价值。比如：1660年，他被怀疑与郑成功里应外合，遭到荷兰当局严刑拷打，出狱后，又面临"贷米于人无应者"的绝境，使他不能不发出"何当稚子因俄啼，绝不欲我作夷齐"的悲叹（《柬曾则通借米》）。但是，纵然到了这般地步，沈光文"犹欲坚持冰雪操"。他托物言志，一反寄人篱下的凄苦旧意，创作了一首豪迈的《咏篱竹》，借咏竹寄寓自己孤贞自许、守志不移的民族气节：

分植根株便发枝，炎风空作雪霜思，
看他尽有参天势，只为孤贞尚寄篱。

在沈光文的诗歌中，经常出现"序晚值风霜，劲节孰予侮"的菊花形象，而下列两首诗，无疑正是诗人不屈品格的自我写照：

《野菊》
野性偏宜野，寒花独耐寒；
经冬开未尽，不与俗人看。

诗人描绘野菊忍受严寒恶劣的生长环境，实则是向世人宣告，自己虽处在如此恶劣的政治环境和物质、精神极度匮乏的生存环境之中，依然如经冬耐寒之菊，傲然不屈，砥砺名节，不与世俗同流合污。这里的野菊显然是沈光文自身人格操守的化身，无论遭遇如何坎坷，始终不改孤直忠贞的爱国精神，坚守晚节。沈光文这类咏菊诗，都以菊自况，托菊言志，展现孤臣的傲然风骨，自甘忍受孤独寂寞，坚持清操。他一面过着衣食不继的落难生活，一面有计划地在岛上四处奔走考察，暗中绘制台湾地形图、撰写《台湾舆图考》，积极为郑成功收复台湾作准备。

又如：鹤在中国传统文化中，文人赋予其君子化身的文化内涵。野鹤，意为自由独立于山野之鹤，性情孤高，不受世俗拘束，高洁不群，常喻隐士。沈光文也有《野鹤》二首：

"独得孤骞趣，难违天性真。优游俯仰适，爱惜羽毛新。

高与烟霞狎，廉为雁鹜嗔。朝游苍海表，夜唳鹭江滨。"

"骨老飞偏健，身闲瘦有神。已知矰缴远，几阅雪霜频。

舞月寒流影，依松静绝尘。乘轩尔何事，翻欲贱朱轮。"

这两首诗，诗人以超凡绝尘、耿介不群的野鹤自比，高标自许，是咏物言志之作。诗人对孤傲独立、品性高尚的野鹤的塑造，是以雁鹜衬托其傲然清高，以青松衬托其清雅高洁。沈光文以咏鹤言其孤高坚贞的节操。

四　家国情怀诗具有时代需要价值

家国情怀是儒家亦即读书人千年传统，自古知识分子最推崇的就是修身齐家治国平下的理想人格。

寓居台湾，沈光文对"故国"的怀念，是对民族之根的一种认同。他更多更感人的还是将强烈的亡国之痛和有家不得归的无奈糅合在一起的抒写乡愁之作。沈光文有着剪不断的乡思情结，他的乡愁书写内涵丰富，感情真挚，抛弃了任何伪饰面具。沈光文在台湾这块土地上，延续了他在大陆抗清时的乡愁书写，最早运用传统而典型的意象群，鲜明地表达了乡愁情绪。他把乡愁诗从大陆拓展到了台湾的土地上，传递了开台汉族遗民的共同心声，深化了传统乡愁的意蕴。

"只说暂来耳，淹留可奈何？""宁不怀乡国，并州说暂居"（《陬草戊戌仲冬和韵》第一），作者到台湾只是意外的一场台风，原本只打算在台暂居，然而复国无望，暂居成了久住，故乡成为遥远的梦，抒写乡愁便成为他作品中的重要主题。"岁岁思归思不穷，泣歧无路更谁同？蝉鸣吸露高难饱，鹤去凌霄路自空。青海涛奔花浪雪，商飙夜动叶梢风。待看塞雁南飞至，问讯还应过越东。"（《思归》之一）此诗写前途迷茫，生活困顿，归乡无路的处境，表达渴望飞越大海回到故乡宁波的心情。作者抒写的乡愁，除了对家乡的思念外，更多的是对明朝故国的怀念，期待着有一天能够恢复明朝，重回故里。

如果说沈光文到台湾虽是意外，但久居台湾则是他的主动选择，因为在清朝的统治下，他虽有家，却不能归、不忍归。

作为台湾文学的开山人，台湾乡愁文学的开拓者，沈光文开了台湾乡愁诗的先河，他的许多乡愁诗都是诗中佳品。如"去去程何远，悠悠思无穷。钱塘江上水，直与海潮通。""旅况不如意，衡门一早关。每逢北来客，借问几时还。"诗人离井别乡，在台湾生活又极其清苦，常使诗人午夜梦回家乡。想回家而归不得，只有发出无穷的思念。如他在《感忆》中写道："暂将一苇向东溟，来往随波总未宁。忽见游云归别鸡，又看飞雁落前汀。梦中尚有娇儿女，灯下惟余没影形。苦趣不堪重记忆，临晨独眺远山青。"而一感到人世沧桑、壮志付东流时，他的怀乡之痛更是时时刻刻啃噬着心灵。

"万里程何远，萦徊思不穷。安平江上水，汹涌海潮通。"

——《怀乡》；

"归望频年阻，徒欢梦舞斑。在原暖鸟散，策杖效鳞攀。镜里头多白，风前泪积般。用坚饥馁志，壮士久无颜。"

——《归望》；

"望月家千里，怀人水一湾。"

——《望月》；

"爆竹声喧似故乡，繁华满目总堪伤。起去看天天未晓，鸡声一唱残年了。"

——《己亥除夕》。

沈光文家国情怀诗具有时代需要价值。

台湾三百多年来，多种原因造成岛人与大陆分隔，成为祖国的"遗民"、"孤儿"，他们的内心深处，总是怀念祖国。可以说，是台湾特殊的历史，形成了爱国思乡文学的生长传承土壤。

17世纪初，荷兰殖民者乘明末农民起义，明朝处境艰难之时，侵入台湾。不久，西班牙人侵占了台湾北部和东部的一些地区，后于1642年被荷兰人赶走，台湾沦为荷兰殖民地。

1661年4月，郑成功以南明王朝招讨大将军的名义，率2.5万将士及数百艘战舰，由金门进军台湾。

郑成功在进军台湾时，向荷兰殖民者表示，台湾"一向属于中国"，台湾和澎湖这两个"岛屿的居民都是中国人，他们自古以来占有和耕种这一土地"，荷兰"自应把它归还原主"。郑成功从荷兰殖民者手中收复了中国领土台湾，成为一位伟大的民族英雄，受到广大人民的敬仰。但因明清易代，台湾还是与大陆分隔。

清军攻下台湾后，1684年，清政府设置分巡台厦兵备道及台湾府，隶属于福建省。至1811年，台湾人口已达190万，其中多数是来自福建、广东的移民。1884～1885年中法战争期间，法军进攻台湾，遭刘铭传率军重创，到1885年6月，法军被迫撤出台湾。1894年日本发动甲午战争，翌年清政府战败，于4月17日被迫签订丧权辱国的《马关条约》，把台湾割让给日本。台湾沦为日本的殖民地达50年之久。到1945年8月中国人民经过8年英勇的抗日战争，终于收复了台湾。但到1949年，随着国民党政权退居台湾，200多万大陆军民背井离乡，流落到这陌生的南国孤岛。海峡两岸又开始分隔。

陈水扁执政台湾期间，歪曲台湾历史，鼓吹主体意识。这些动作非但没有削弱民众对中华文化认同感，反而促进两岸文化交流，许多人通过沈光文事迹来抨击台独言论。国民党内反对台独、推动两岸交流的代表性人物洪秀柱2015年8月1日到台南市善化区庆安宫参拜，并由庆安宫主任委员张志胜导览，参观庆安宫的六文昌沈光文纪念厅。她说，生

在明朝末年的沈光文是浙江人，跟她祖籍相同，且沈光文赴台后从事教学工作，跟她一样是老师，别具意义。洪秀柱看了纪念厅中所写的沈光文生平，直叹沈光文辗转迁徙，最后竟是因遭遇飓风漂流到台湾，"这都是命"；台湾与大陆的关系很密切，硬要切开不对。

五 结 语

探析沈光文寓台诗文价值，我们发现，其根本价值在于：学习、研究沈光文寓台诗文，有助于增强台湾人民对中华民族传统文化的认同感，认祖归宗，反对台独谬论；有助于海峡两岸进一步开展文化交流，增强海峡两岸文化融合。

注 释

［1］全祖望：《明故太仆斯庵沈公诗集序》，《全祖望集汇校集注》，上海古籍出版社，2000年，595页。
［2］《沈太仆传》，《全祖望集汇校集注》上册，500页。
［3］季麟光：《题沈斯庵杂记诗》，收入龚宪宗编《沈光文全集及其研究资料汇编》。
［4］袁韵：《论沈光文诗歌的用典艺术》，《浙江万里学院学报》2014年9月第23卷第6期。

（作者单位：宁波市鄞州区文物管理会）

大运河（宁波段）遗产监测指标体系探索

杨晓维

本文以大运河（宁波段）为研究对象，以中国世界文化遗产通用指标为参照依据，以日常保护管理工作为实践基础，通过对遗产本体、遗产价值及遗产影响因素的分析研究，试图探索搭建一套科学完善的监测预警指标体系，为大运河（宁波段）遗产的保护管理及可持续发展发挥重要作用。

一 探索搭建大运河（宁波段）遗产监测指标体系的目的和意义

监测就是要根据国际公认的文物保护准则对各个世界遗产地的保护状况定期进行周到的专业检查、审议和评估，向世界遗产委员会提出详尽的报告[1]。是实施《保护世界文化和自然遗产公约》的必然要求，是对世界文化遗产的监测不仅是应尽的国际责任和义务，更是对世界文化遗产进行保护管理的有效手段。完善的监测是对世界文化遗产的行之有效的保护，则必须包含科学的指标设置、数据收集与技术分析，这其中科学的指标设置无疑是所有工作的基础和保障。指标体系的建立是将监测工作具体量化、规范化、标准化的关键，为世界文化遗产的科学管理和保护提供了行动的依据，并确保监测工作能全面客观反映遗产的保存现状、综合评估遗产的保护效果，从而避免遗产受到破坏和劣化。

随着全球对世界文化遗产保护认识的提升，监测已逐渐成为遗产保护的重要方法和手段。我国于2006年颁布的《世界文化遗产保护管理办法》已经提出："省级人民政府应当为世界文化遗产确定保护机构。保护机构应当对世界文化遗产进行日常维护和监测，并建立日志。"2007年国家文物局根据该《办法》制定了《中国世界文化遗产监测巡视管理办法》，又出台了《世界文化遗产监测规程》，进一步明确了具体的监测要求和内容。2015年，国家文物局批复同意，中国世界文化遗产监测中心作为中国文化遗产研究院内设机构正式成立并独立开展工作，并以"最大公约数"和"最小干预"为原则，规定了中国世界文化遗产的17大类59项监测数据和37项通用性监测指标，这是我国在世界文化遗产监测指标方面第一个详细的技术规范[2]。大运河（宁波段）监测指标体系的探索是对国家通用指标的再一次确认和深化研究。这其中，既有对通用指标体系的传承，也是对自身个性的包容。

2014年6月22日，在卡塔尔首都多哈召开的第38届世界遗产大会上宣布：中国大运河项目成功入选世界文化遗产名录，成为中国第46个世界遗产项目。宁波作为35个联合申遗的城市之一，从此跻身世界文化城市行列。申遗成功是第一步，后申遗时代对遗产的保护工作任重道远。大运河（宁波段）遗产素有"活着的遗产走廊"之称，这一"线形活态"特征决定了其丰富复杂的遗产构成和价值内涵。大运河（宁波段）文化遗产的独特性和丰富性对遗产监测工作提出了新的挑战，监测指标的探索建设显得尤为紧迫。大运河（宁波段）遗产监测指标体系的建设是为了进一步提升遗产的保护管理水平，提高风险防范预警能力。

二 大运河（宁波段）遗产监测指标体系的建设原则

1. 真实性和完整性原则

世界文化遗产保护的核心就是维持遗产的真实性和完整性。真实性和完整性原则既是衡量遗产价值的标尺，也是保护遗产所需依据的关键[3]。因此，监测指标体系的建设必须把真实性和完整性作为首要原则，正是由于诸多影响遗产真实性、完整性要素的存在，才有了制定监测指标的必要。只有提炼出影响遗产价值真实性、完整性的监测指标，才能确保遗产本体完整存在、遗产价值得到真实体现。大运河（宁波段）遗产类型众多、内容丰富，因此，必须综合全面、实事求是地考虑各种因素，通过监测指标体系建立起完善的遗产综合信息数据库，不仅能够真实全面掌握大运河（宁波段）遗产信息，而且还能实现对遗产的真实性和完整性的有效保护。

2. 客观性原则

监测的目的是客观反映评价世界文化遗产保护对象及环境质量的现状，只有坚持客观性原则，才能真实反映遗产现状，为管理者决策提供正确依据。具体落实到监测指标的制定上，既指监测指标对象设置的客观，也包含指标数据收集和监测预警数值设置的客观。指标对象的确定要从遗产本体出发，重点将客观反映遗产现状的列为具体监测指标对象；指标数据的收集应该参照具体行业标准（如水利、气象、环保、交通、林业等）及其他规范性文件来制定，确保在实际操作中科学可行；监测预警数值设置应该直观量化，力求将监测内容明确表述，确保监测系统汇总、统计、分析、评估、风险模型等各项功能的有效实现。

3. 动态性原则

遗产的监测工作本身就不是静态固化的机械过程，而是可持续发展的动态过程。尤其是大运河（宁波段）作为活态线性文化遗产，具有其独特性和复杂性，交汇融合了河道碶闸、水运贸易、村镇聚落等文化形态，部分河段仍承担着交通、运输、灌溉、排涝、输水等功能，无论时间上还是空间上，都存在随时可能发生变化的复杂因素。在具体指标的制定和运用上，应根据实际情况及保护管理需求变化不断进行调整完善，有效实现指标价值的动态管理。

三 大运河（宁波段）遗产监测指标体系框架

大运河（宁波段）历史跨度、地理跨度和人文跨度均是前所未有的，各类遗产监测指标头绪众多、纷繁复杂，因此，指标体系的探索必须从宏观上进行统筹把握，进行科学合理的顶层设计尤为关键。根据联合国教科文组织和国家文物局对世界文化遗产监测要求，遗产监测指标体系首先必须立足于遗产要素，因此探索大运河（宁波段）世界文化遗产指标体系，首先要从对大运河（宁波段）遗产要素进行分析研究。

（一）大运河（宁波段）遗产构成

大运河（宁波段）位于中国大运河的最南端，属浙东运河，西接绍兴上虞，流经余姚、慈城、宁波城区，向东汇入甬江入海，主要包含姚江—甬江、慈江—刹子港、虞余运河等河道，空间距离达100多千米，全县145千米，遗产区面积362公顷，缓冲区面积1456公顷。整个大运河（宁波段）遗存丰富、类型多样。根据大运河（宁波段）文化遗产的特点，按照河道、水利航运工程设施、古代运河设施和管理机构遗存、运河聚落遗产、古建筑与石刻、运河非物质文化遗产、运河生态人文环境等，进行的梳理规划，整理出遗产分类情况如下（表一）：

表一　大运河（宁波段）遗产分类表

遗产本体	河道	正河、支线、自然河道、城河、内河
	河岸	沿线水生植物、古树名木
	水体（水源）	泉、湖泊、水柜、水库
遗产价值	水利工程设施	闸、坝、堰、堤防、引水涵洞、分水墩
	航运工程设施	船闸、桥梁、码头、运口、纤道
	可移动文物	石刻、石碑
	不可移动文物	古代运河设施和管理机构遗存
		古遗址、古墓葬、古建筑、近现代重要史迹及代表性建筑
	非物质文化遗产	妈祖信仰、百年舞龙、麻将起源、姚剧、甬剧
	运河聚落	运河城镇、村落、历史街区
遗产环境	运河生态与景观环境	湖泊、湿地、林地、草地、耕地
	运河人文社会资料	运河河工档案、历代运河志、历代漕运志、历代运河古地图
		城市规划建设、船舶航运、人口居住、污染排放、旅游开发等

（二）大运河（宁波段）遗产监测指标体系框架

通过对大运河（宁波段）遗产的分析研究及分类梳理，可以确定遗产本体和遗产价值两大监测指标体系。监测的目的是对大运河（宁波段）遗产进行预防性保护和风险管理，因此，除了对遗产本体及价值的监测，还需对可能对遗产产生影响的因素进行有效监测，随时掌握这些因素对遗产现状的影响和隐患，进而实现大运河（宁波段）遗产保护与管理的变化可监控、风险可预报、保护可提前、险情可预警等目标。而这些影响总体上分自然环境和人为活动产生两大类风险因素。

由此具体梳理大运河（宁波段）监测指标体系框架如下（图一）：

（1）遗产本体：包括水体（水文情况、水环境质量、污染源控制等）、河道（河床、驳岸等）及河岸（运河沿线水生植物、古树名木等）等信息。

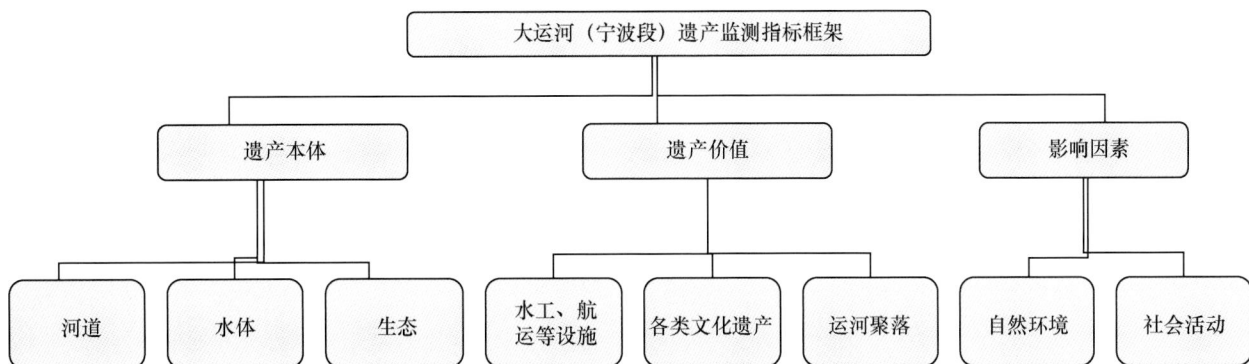

图一　大运河（宁波段）遗产监测指标体系框架图

（2）遗产价值：包括运河沿线水工设施、航运设施、相关遗产（可移动、不可移动文化遗产及非物质文化遗产）运河聚落（城镇、村落、历史街区）等信息。

（3）影响因素：自然环境（空气质量、气象条件、地质水文、生态环境、自然灾害等）、社会活动（城市发展、规划建设、船舶航运、人口居住、污染排放、旅游开发等）等信息。

（三）大运河（宁波段）遗产监测指标体系内容

根据大运河（宁波段）遗产监测指标体系总体框架，监测指标体系将由3大功能模块、8项指标对象组成，将省级保护规划中的遗产要素纳入到遗产监测范围，涵盖范围基本全面系统，有利于全面掌握大运河宁波段遗产信息。文化遗产地的监测作为文化遗产地保护与管理的重要手段，其根本目的是要了解文化遗产的价值载体（包括文物本体和周边价值环境）的动态变化情况，判断其发展趋势，进而为提出合理的保护与管理措施，尤其是预防性保护措施提供依据[4]。因此，大运河（宁波段）文化遗产监测工作必须实现从基本概况、地理位置、遗产描述历史沿革及价值评估等方面对遗产概况的全面覆盖。也就是要明确对指标对象如何进行系统科学的监测管理，如何确保监测数据客观准确的反应遗产现状，如何对运河遗产进行有效的预防性保护和风险管理。这就需要对具体监测对象进行深入剖析，在总体框架的基础上衍生分化出若干具体监测分项，这样才能确定监测工作的具体实施内容与方法。

1. 对遗产本体的科学分析

大运河遗产的种类众多、内涵复杂，就遗产本体上分，有河道、水体、河岸、河床等，仅河道一项就包含正河5段、支河6段、内河3段，及多处水源。对遗产本体的监测包括对所有遗产的保存状况、结构形态变化情况、生态环境情况等，笔者从遗产本体要素及监测需求出发，进行分类梳理，然后再分别从中划分出若干小类别。水体监测侧重水体环境数据，包括水文、水质、潮位、水源等信息；河道监测则分河道、河床、驳岸三类现状及变化情况的数据信息；河岸监测重点侧重河岸生态环境，包括古树名木、植被绿化、栖息生物等信息，为大运河遗产本体监测保护提供及时的数据保障（表二）。

表二　遗产本体监测内容列表

水体	水体	水文情况（水位、雨量、水情、流量、流速等）
		水体功能变化情况
		水质（pH值、溶解氧、浊度等）
		☆潮汐
		☆潮位
	水源	水库水情
河道	河道	河道保存状况
		河道形态变化
	河床	河床保存状况
		河床形态变化
	驳岸	驳岸保存状况
		驳岸形态变化
河岸生态环境		古树名木
		绿化面积
		植被种类
		☆栖息生物
		遗产区环境卫生情况

2. 对遗产价值的归纳梳理

在监测指标体系的探索中，笔者仅将运河本身列入遗产本体，而水工遗存和相关遗产等虽然也都是作为遗产点存在，但因其本身具有的价值内涵，而将它们都归入遗产价值范畴。对于遗产价值的检测指标确定主要参照相关遗产保护管理要求，然后根据这些遗存和遗产的价值内涵进行归纳梳理，进而提炼出影响遗产价值真实性、完整性的监测指标（表三）。

表三　遗产价值监测内容列表

水工遗存	水工设施		结构稳定性
			保存完整性
			形态变化
			材料功能
	航运设施		保存状况
			形态变化
			材料
			功能
文化遗产	物质文化遗产	不可移动文化遗产	整体格局保存变化情况
		考古遗址	本体保存情况
			遗产区（除考古遗址本体外）违规情况
			遗产区（除考古遗址本体外）绿化情况
			遗产区（除考古遗址本体外）环境清洁度
		古建筑、近现代重要史迹及代表建筑	分布范围
			数量
			材料
			结构
			文物本体病害
			重点构筑物单体变化情况
		可移动文化遗产	☆碑刻（详见后文个性指标）
	非物质文化遗产		历史渊源
			传承人
			兴盛程度
			资金投入
	运河聚落（城镇、村落、历史街区等）		建筑分布
			形制规模
			历史风貌
			原住民情况
			商业情况
			主要建筑物相互关系
			重点建筑物单体变化情况
			违规情况

3. 对影响要素的分类研究

正是由于诸多影响遗产真实性、完整性要素的存在，才有了制定监测指标的必要，从这个意义上说，影响因素和监测指标是密不可分的。对影响因素指标的分析研究目的在于加强遗产风险防范意识，最大程度消除和减小影响遗产本体和价值的风险因素。当然，不是所有的因素都是必须监测的，

梳理确认哪些因素对遗产的真实性、完整性产生影响显得尤为重要。因此，前期的调研工作十分重要。笔者先从总体将影响要素划分为自然环境和社会活动两大类因素，然后通过大量的实地勘察、业务对接、资料查阅、专家咨询等环节，从气象、水利、生态、自然灾害、城市发展、建设、旅游、保护等分项出发，最终确定具体监测指标项（表四）。

表四　环境因素监测内容列表

自然环境	气象情况	降水量、降雪量、温湿度、风力风向、能见度等
	水文地质	地下水水位、土壤类型等
	生态环境	大气污染、水污染、酸雨等
	自然灾害	洪涝、干旱、地震、雷电、☆台风等
社会活动	城市发展	GDP、人口量、产业、经济水平等
	建设规划	基础设施建设、新增开发建设、违章建筑等
	旅游开发	游客量、服务设施、展陈内容、宣教活动等
	保护管理	管理机构、维修保养、保护工程、安防消防等

4. 对个性指标的总结提炼

监测是手段、预警是目标、保护是本质，如何通过检测手段，实现预警的目标，是最终达到保护管理本质的核心。既然监测工作是为遗产保护管理工作服务，监测指标体系的探索，必须从遗产本身出发，然后又回归于遗产本身。同时，监测工作的实施既要考虑保护，又要兼顾实际需要。大运河（宁波段）文化遗产监测指标体系必须涵盖对自身个性指标的确认（本文中列举的个性监测指标均以☆标注）。我们将体现遗产本体差异性的、遗产价值特殊性的以及周边影响环境区别性等数据信息列入个性监测指标。例如，在这次的监测指标体系探索中，因为大运河（宁波段）特有的生物种类，在遗产本体生态环境监测中增加了生物栖息地指标项；因为大运河（宁波段）所处入海口特殊地理位置，在水

体监测中增加了潮汐、潮位指标项；因为大运河（宁波段）收到特殊气候条件影响，因此在自然灾害监测中增加了台风指标项……而且，笔者还针对大运河（宁波段）特有的遗产点：国保单位（庆安会馆）及碑刻、宁波水利航运碑刻（含镇海澥浦老街奉宪勒石、庆安会馆天后宫碑记、天一阁碑林）等，根据实际情况制订了专门监测情况表，为具体实施管理提供可借鉴的分析方法和参照依据（表五、表六）。

目前，大运河（宁波段）监测工作的研究与实践都尚处于起步阶段，笔者试图通过对国际世界遗产监测要求、国家通用指标构成、大运河（宁波段）遗产类型特征等进行综合分析研究，最后探索完成一套既明确对象、也落实要素，既涵盖整体、也明确重点，既满足预防性保护目的、也确保动态监测管理需求，富有层次性、动态性的监测指标体系，

表五　庆安会馆监测情况表

监测要素	监测指标	监测情况		
整体格局保存变化情况	分布范围	有无变化	○无变化	○有变化
	主要建筑物相互关系	有无变化	○无变化	○有变化
	其他情况	有无变化	○无变化	○有变化
本体保存情况	面积	有无变化	○无变化	○有变化
	材质	有无变化	○无变化	○有变化
	稳定性	有无变化	○无变化	○有变化
重点建筑物、构筑物单体变化情况	朱金木雕	保存完好度	○完好 ○轻微损坏	○严重损坏
		色彩有无变化	○无	○有
	白蚁	有无白蚁	○无	○有
	砖雕石刻（龙凤石柱、马头墙等）	有无歪闪	○无	○有
		有无裂隙	○无	○有
		有无妨碍稳定性情况	○无	○有
		雕刻完好度	○完好 ○表层风化	○表面污染、变色
		材料有无变化	○无	○有
		功能有无变化	○无	○有
附属遗产保存状况变化	数量	有无变化	○无变化	○有变化
	完好情况	有无变化	○无变化	○有变化
古树名木生长情况变化	数量	有无变化	○无变化	○有变化
	长势	有无变化	○无变化	○有变化
遗产区违规情况	违规情况	违规事件	○无	○有
		违规事件及处置方式	附具体材料照片	
遗产区环境清洁度	环境清洁度	有无垃圾	○无垃圾 ○零星垃圾	○集中垃圾
旅游开发	游客量	最高峰日游客量（人）	年均游客量（人）	
	展陈情况	举办次数/人数	举办内容	
	宣教活动	活动数量	活动内容	
保护管理	日程保养	保养方案	结项报告	
	保护工程	工程方案	结项报告	
	安防消防	安防消防措施	技防设施	

表六　碑刻监测情况表

监测要素	监测指标		监测情况
碑刻	结构稳定性	是否有歪闪	○ 有 ○ 无
		是否有裂隙	○ 有 ○ 无
		其他有碍稳定性的情况	○ 有 ○ 无
	材料	有无变化	○ 有 ○ 无
	功能	有无变化	○ 有 ○ 无
	清晰度	刻纹清晰度	○ 清晰 ○ 比较清晰 ○ 模糊
碑刻	完整性	碑刻整体完整性	○ 完整 ○ 不完整
	风化程度	碑刻表层风化程度	○ 未风化 ○ 微风化 ○ 弱风化 ○ 强风化 ○ 全风化
	碑体洁净度	碑体洁净度情况	○ 洁净 ○ 不洁净

从而实现大运河（宁波段）遗产从宏观到微观的有效监测。最终，指标体系的建设必须经过具体遗产保护工作的实践检验，真正实现对大运河（宁波段）遗产的科学保护管理、合理开发利用。

注　释

[1] 郭旃：《世界遗产监测工作及濒危遗产的评定》，中国历史文化遗产保护网，2008年4月18日。

[2] 中国文化遗产研究院：《世界文化遗产监测数据总表、元数据表、监测指标》，2014年。

[3] 张成渝、谢凝高：《"真实性和完整性"原则与世界遗产保护》，《北京大学学报（哲学社会科学版）》2003年第40卷第2期。

[4] 王明明、文琴琴、张月超：《基于风险管理理论的文化遗产地监测研究》，《文物保护与考古科学》2011年第23卷第3期。

（作者单位：宁波市文物保护管理所）

千年之谜：王安基是不是王安石亲弟弟

——从考证鄞东王氏家族说起

王彭维

一 鄞东王氏家族之溯源探讨

1. 史料

据《鄞县通志》舆地志：鄞东王氏，甬上族望表，此派属大礼王氏翰林编修相一望；又明鄞献表［（明）薛冈辑］，嘉靖丙戌进士推官杰亦其后；案安基，以兄安石知鄞县，由江西临川来鄞，赘于童，童者鄞东童王村也，其子允珍娶于史，生仲翟，仲翟筑别业新桥以东曰王家库，即王家衖（即今王家弄）也；宋元丰进士，官右正言，讳安基。

《董东王氏宗谱》（又名鄞东王氏宗谱）（民国版）［（十八卷，首一卷）刘廷炜纂修，1921年成仁堂木活字本，八册。先祖同上。收藏：国家图书馆］：家传中有："始祖为宋王荆公弟讳安基，荆公令鄞偕至鄞，因留家焉，其地离县治十里舆，致仕童官相聚处，后人遂名其里曰童王。"该谱世录中有："公登元丰四年（1081年）进士，官右正言，兄安石为鄞令，公从焉，遂居鄞赘童。"

《鄞县松下王氏世谱》（清版）：在谱卷二有："谱首称安基，元丰进士，官右正言，以兄安石知鄞县，由江西临川来鄞，赘于童，童者鄞东童王村也。"

《凤溪王氏家乘》（民国版）："有宋安基公登宋元丰四年进士，官至右正言，致仕胞兄安石公为鄞令遂从兄之鄞为王氏之始祖。"

现鄞县童王村、王家弄村（始称王家库，民国时称王家衖，查《鄞县通志》和族谱，现确认为王家弄）、凤溪（现为勤勇村）均存在，松下村因城市扩展刚拆迁。而从《鄞县通志》可知：确定王安基来自江西临川为王安石胞弟。《董东王氏宗谱》（又名鄞东王氏宗谱）（民国版）[（十八卷，首一卷）刘廷炜纂修，1921年成仁堂木活字本，八册。先祖同上。收藏：国家图书馆]、《鄞县松下王氏世谱》（清版）、《凤溪王氏家乘》（民国版）均记录王安基为王安石胞弟。上述家谱中也不避讳录入怀疑观点，笔者多方考证，认为怀疑的起源是曾巩写的王安石父亲王益的墓志铭中无王安基，因此大都断然否定王安基作为王安石胞弟的可能性，同时家谱中关于王安石信息较少，笔者查证，自王安基从临川入赘童姓村后，因其入赘原因，没有王姓家谱，其孙王仲翟由南宋建炎三年（1129年）以后才开始修家谱，因而关于其爷爷家庭的情况记载少可以理解。

2. 疑问

曾巩的《尚书都官员外郎王公墓志铭》：子男七人，曰安仁，曰安道，曰安石，曰安国，曰安世，曰安礼，曰安上。女一人嫁张氏，处者二人。安石今为大理事评事，知鄞县，庆历七年十一月上书乞告葬公，明年某日诏曰可，遂以某月某日与其昆弟奉公之丧，葬江宁府之某县某处。

《王荆公年谱考略》：庆历七年（1047年），26岁的王安石被任命为鄞县知县（任知县三年）。也就是说在鄞县知县第二年（庆历八年即1048年）去江宁府（今南京）葬父。

3. 解释

从王安石父亲王益的墓志铭中无弟王安基记载，那么就推定其兄弟中无安基了，不一定，为什么？因为庆历七年（1047年）王安基随兄到鄞县，入赘童王村，古代人对入赘是比较忌讳的，因此在公元1048年王安石偕兄弟到南京葬父，在王安石父亲王益的墓志铭上不出现王安基之名也不足为怪

了。另据王安石江西临川故里反馈，类似的情况在王安石家族中出现过，例如：历史上载王安石无嫡传，然而江西乐安县南村乡绸溪村王氏世传谱载乃王安石次子王旁嫡传后裔。历史上载王安石长兄王安仁无后，然湖北武穴龙坪镇新洲王氏亦口传和谱载为王安仁长子王榜次子王放嫡传后裔，且明载王放入赘严姓，为不忘祖，后人用双姓严王以称！

4. 推测

目前据泗港王氏（属其一主分支）年长者回忆，截至1945年，泗港王氏一直在清明节去东钱湖畔王安石庙（灵佑庙）祭祀。据童王村老人（现居住人多为蔡姓）口口相传的童王村来历，传说北宋年间，鄞县蝗虫成灾，组织人员赶蝗虫，外地一小伙赶蝗虫到童王村已近黄昏，无法返回城里，童姓人家见小伙的情况，便让他留宿家中，又见其长相英俊，便召为上门女婿，从此以后，童姓村便称为童王村。现童王村中的三圣庙中童姓菩萨相传就是村民中口口相传的那位小伙，即童王村始祖王安基。

古代人对兄弟取名一般连起来是一句话或一个含义，不妨将王安石兄弟名字排列如下："仁道石（基）国世礼上"，若无"基"字，其兄弟名字连不上句子，若加上"基"字，则通顺且含义深刻，又符合王安石父亲王益的思想。

二 鄞东王氏家族主要迁徙情况

鄞东王氏家族主要迁徙情况见表一。

三 东王氏家族情况研究

1. 鄞东王氏行第

旧编行第：

百万闰会钱　天本敏义传

表一　鄞东王氏家族主要迁徙情况

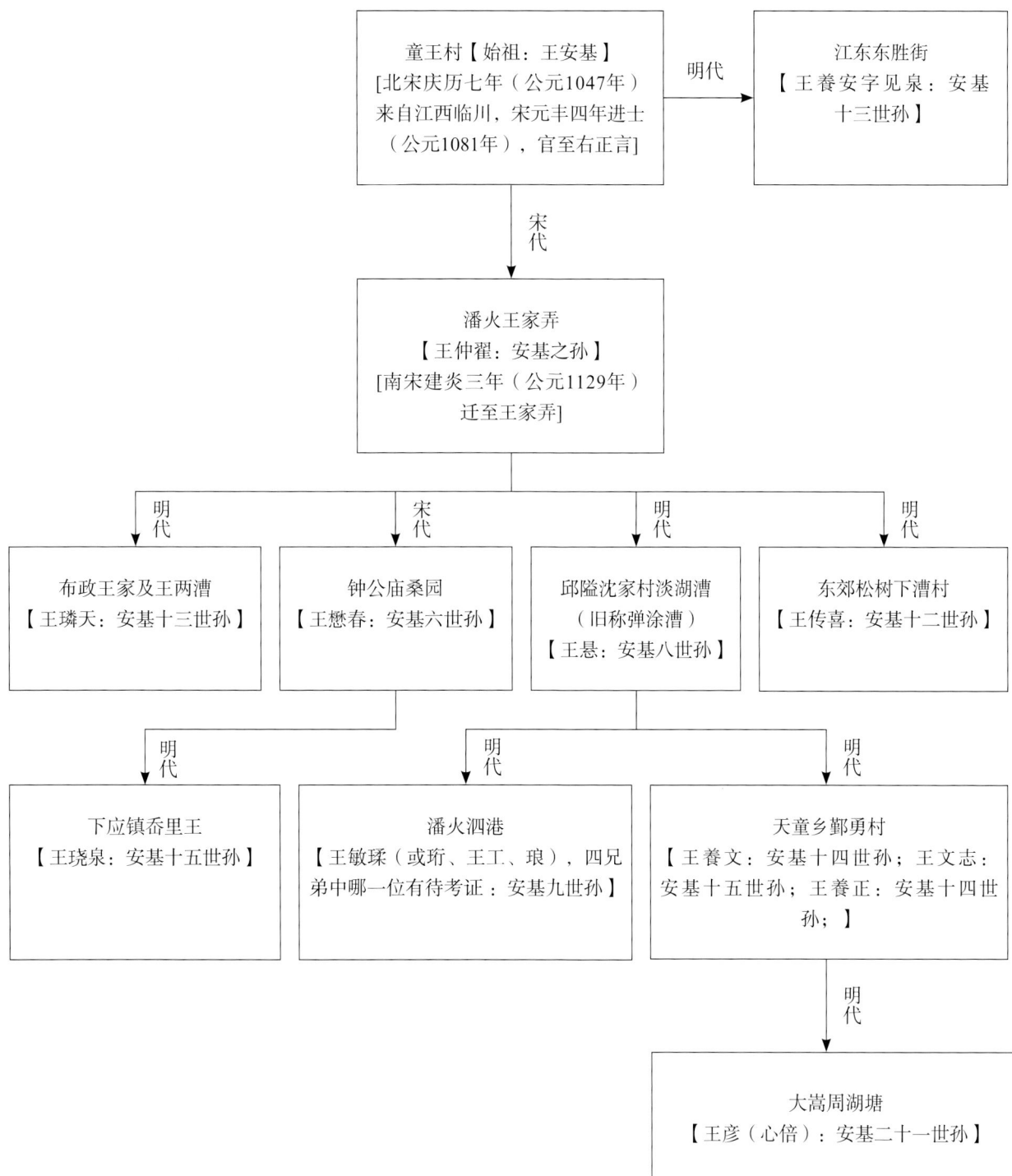

```
┌─────────────────────────────┐          ┌─────────────────────────────┐
│ 童王村【始祖：王安基】        │   明代   │ 江东东胜街                   │
│ [北宋庆历七年（公元1047年）  │ ───────> │【王養安字见泉：安基          │
│ 来自江西临川，宋元丰四年进士  │          │ 十三世孙】                   │
│（公元1081年），官至右正言]   │          │                             │
└─────────────────────────────┘          └─────────────────────────────┘
              │ 宋代
              ▼
┌─────────────────────────────┐
│ 潘火王家弄                   │
│【王仲翟：安基之孙】           │
│ [南宋建炎三年（公元1129年）  │
│ 迁至王家弄]                  │
└─────────────────────────────┘
```

明代
布政王家及王两漕【王璘天：安基十三世孙】

宋代
钟公庙桑园【王懋春：安基六世孙】

明代
邱隘沈家村淡湖漕（旧称弹涂漕）【王悬：安基八世孙】

明代
东郊松树下漕村【王传喜：安基十二世孙】

明代
下应镇岙里王【王珗泉：安基十五世孙】

明代
潘火泗港【王敏琛（或珩、王工、琅），四兄弟中哪一位有待考证：安基九世孙】

明代
天童乡鄞勇村【王養文：安基十四世孙；王文志：安基十五世孙；王養正：安基十四世孙；】

明代
大嵩周湖塘【王彦（心倍）：安基二十一世孙】

谦和恭信厚　雍睦孝忠全

方正文明泰　元亨利贞乾

熙安康寿永　亿兆世常联

注：行第"安"支谱或作"定"，或作"宁"。

新增编行第（民国时期增加）：

肇祖贻谋远　华宗衍泽长

承先基道德　启后蔚才良

作圣儒修裕　崇贤国祚昌

佐时宏志尚　翊赞盛名扬

共80个字的行第。

2. 历史上的名人

据《明史》《四明谈助》记载：

（1）翰林王介塘先生，字懋贤，生而资性绝人，复嗜学，博综古今，正德十六（1521年）中进士，读中秘书。愈自励，茹苦若寒士。嘉靖元年（1522年），迁编修，以大礼逮诏狱，竟死杖下，年止三十七，公豪迈，少尚气节。

（2）王推官王杰，翰林介塘之弟。举嘉靖五年（1526年）进士，任大名推官。尝署府事，浚沐儿河，尽除贵戚之壅水为利者，民不病潦。又尝署开州，豪民号马千顷者，舆厚货为馈，辄发其奸，以治行称。

3. 鄞东王氏家谱、祠堂情况

据《鄞县通志》记载，民国时记载有总谱和各支谱、祠堂情况如下：

（1）《董东王氏宗谱》（又名鄞东王氏宗谱）〔（十八卷，首一卷）刘廷炜纂修，1921年成仁堂木活字本，八册。先祖同上。收藏：国家图书馆〕。祠在王家弄，额署书王氏宗祠。

（2）《松下王氏世谱》祠在松下树漕，额署书王氏支祠，堂名植本。

（3）《王氏宗谱》，王家及王两漕（现鄞州区古林镇王家及王两漕），有祖堂二，在王家曰三槐堂，王两漕者曰槐阴堂。

（4）《甬东王氏宗谱》祠在本村（现下应街道岙里王），南首额署书王氏宗祠。

（5）《凤溪王氏家乘》，祠在本村（凤溪乡岙里——现鄞州区天童勤勇村），额署书王氏宗祠，堂名锡类。

（6）泗港前后漕，祠在本村，额署书王氏宗祠。

现在仅存：

《董东王氏宗谱》（又名鄞东王氏宗谱）（民国版）〔（十八卷，首一卷）刘廷炜纂修，1921年成仁堂木活字本，八册。先祖同上。收藏：国家图书馆〕。

《松下王氏世谱》——（清版）保存在天一阁；（民国版）保存在上海图书馆。

《凤溪王氏家乘》（民国版）保存在民间。

其余因二十世纪六十年代文化大革命至今无法找到，至于宗祠，王家弄的宗祠也近在拆迁，其余也所剩无几。

四　结　论

根据目前掌握的《鄞县通志》、宗谱、支谱和民间活动及传说，笔者认为不能否定王安基作为王安石胞弟的存在性。完全确认王安基是王安石胞弟有待于进一步找到翔实史料，也有待于专家进一步考证。

附记：本书主要参考《鄞县通志》《四明谈助》《明史》《王荆公年谱考略》《董东王氏宗谱》（又名《鄞东王氏宗谱》）《松下王氏世谱》《凤溪王氏家乘》《尚书都官员外郎王公墓志铭》。

（作者单位：镇海石化工程股份有限公司）